INTIMATE MARRIAGE SERIES

결혼과 성

SEXUAL INTIMACY

친밀한 크리스찬 커플을 위한 7가지 성경공부 교재

댄 알렌더, 트렘퍼 롱맨 3세 지음
신겸사 옮김

Grace 은혜출판사

InterVarsity Press
P.O Box 1400, Downers Grove, IL 60515-1426
World Wide Web: www.ivpress.com
E-mail: mail@ivpress.com

InterVarsity Press® is the book-publishing division of InterVarsity Christian Fellowship/USA®, a student movement active on campus at hundreds of universities, colleges and schools of nursing in the United States of America, and a member movement of the International Fellowship of Evangelical Students. For information about local and regional activities, write Public Relations Dept., InterVarsity Christian Fellowship/USA, 6400 Schroeder Rd., P.O. Box 7895, Madison, WI 53707-7895, or visit the IVCF website at ⟨www.intervarsity.org⟩.

CONTENTS

여정을 시작하면서 4

1 열망하고 환희하라 7
아가 6:13-7:13

2 육체를 부끄러워 말라 16
아가 4:1-5:1, 5:10-16

3 열정적으로 사랑하라 24
아가 1:2-4, 1:7-17

4 모욕감과 수치심을 떨쳐버리라 32
창세기 2:25-3:17, 사무엘하 6:14-16, 20-23

5 깨어진 신뢰심을 회복하라 41
시편 55

6 실패한 사랑을 재건하라 48
아가 5:2-6:3

지도자를 위한 메모 56

여정을 시작하면서

육체적 친밀함

부부들에게 있어서 성(性)보다 더 큰 기쁨이나 고통을 안겨주는 것도 없을 것이다. 시간이 지남에 따라 다른 문제들은 수그러들기도 하지만, 부부간의 육체적인 결합이 어렵거나 아예 없는 경우에 부부관계는 절망적으로 변해가게 된다. 흔히 젊은이들은 성적 포만감을 얻을 수 있는 기회로서의 결혼에 대한 환상을 품고 있다. 결국 부부간의 성이라는 것이 언제 어디서고 가능한 일이기 때문이다. 그러나 대부분의 현실은 그렇지 못하다. 남편이나 아내가 기분이 좋지 않거나 화가 나 있는 경우에는 육체적인 결합이 어렵다. 또 어떤 때는 몸이 아플 수도 있고, 흔한 경우 시간이나 에너지가 부족하기도 하다. 특히 직장일이나 아이들 때문에 힘들고 바쁘게 지낸 날은 부부간의 육체적인 달콤함을 기대하기란 쉽지 않다. 종종 많은 그리스도인들이 성에 대해 혼란을 겪고 있다. 하지만 교회들이 그런 문제에 많은 도움을 주지 못하고 있는 것 또한 현실이다. 대부분의 성경 말씀들이 결혼 제도 밖에서의 '문란한 성' 을 금하고 있는 내용의 것들이다. 그리고 교회는 그런 메시지들을 소리 높여 외친다. 물론 잘하고 있는 일이다. 그러나 성경은 또한 '하나님의 선물로서의 성의 기쁨' 에 대해서도 가르치고 있다는 사실이다.

이 교재의 탐구 주제들은 우리의 시선을 그러한 말씀들에 집중하도록 할 것이다. 동시에 타락한 세상에서 부부간의 육체적인 연합이 어려운 이유들에 대해서도 실질적인 설명을 제시할 것이다.

성경적 결혼 모형

우리 모두는 행복한 결혼생활을 원한다. 부부가 좋은 관계에 있지 못한 사람들은 관계가 개선되기를 원하고, 좋은 관계를 맺고 있는 부부들은 더 친밀한 관계를 바란다.

우리는 우리의 배우자를 알기 원하며, 또 우리의 배우자들이 우리를 알기 원한다. 우리는 배우자에게 사랑받고 싶어 하며 또한 그들을 사랑하기 원한다. 한마디로, 우리는 하나님께서 애초에 의도하셨던 성경적인 결혼의 모본을 원하고 있다. 그것은 남편과 아내가 각각 부모를 떠나, 친밀한 연합의 삶을 이루고, 육체적으로도 한 몸이 되는 축복을 누리는 것이다.

이 책의 각 장(章)들은 단지 '원만한 결혼생활' 만을 위하여서 뿐 아니라 하나님께서 당신 부부를 위해 예비해두신 '관계의 풍성함' 을 만끽할 수 있기 위해서 무엇이 필요한지를 배울 수 있도록 하나님의 말씀인 성경의 지혜를 탐구해나갈 것이다. 하나님께서 만드신 성경적인 결혼의 모형은 다음과 같은 모습을 띠고 있다.

- 남편과 아내를 더욱 친밀하게 연합시킨다
- 결혼이란 한 인간의 다른 인간을 향한 최우선적인 사랑이라는 점을 서로 이해한다
- 배우자를 향한 사랑과 지식이 점점 더 증가되어져간다
- 영적 성장의 장이 된다
- 따뜻한 용서가 있기에 죄에 대한 스스럼없는 고백이 가능하다
- 서로를 향한 긍휼의 마음을 훈련하는 연단의 장이 된다
- 하나님의 자녀들을 향한 그분의 사랑을 드러낸다
- 하나님의 선물로서의 육체적 친밀함을 즐길 줄 안다
- 인생의 기쁨들과 아픔들을 함께 나눈다
- 죄인을 성도로 변화시켜가는 역할을 감당한다
- 하나님의 형상을 닮은 존재로서의 서로의 영광을 이끌어낸다

물론 이밖에도 더 많은 특징들이 있을 것이다. 성경은 이에 관한 풍성한 통찰력을 제공하고 있다. 그리고 이 책의 탐구 주제들은 우리의 결혼생활에 그 풍성함을 가져다주는

역할을 하게 될 것이다.

교재 사용법

이 교재는 다양한 방식으로 사용될 수 있다. 각 개인이 자신의 경건생활을 위해서나, 부부가 함께 공부하기 위해서나, 또는 소그룹 모임들이나, 그 밖에 이상의 모든 복합적인 형태의 사용자들에 의해서도 활용이 가능하다. 교재의 각 장(章)들은 다음과 같은 부분들로 구성 되어져있다.

여는 말. 각 장(章) 서두의 몇몇 인용문들은 그 장의 주제들에 대해 사람들이 가지고 있는 생각들이 어떤 것인지를 짐작하게 해줄 것이다. 이 인용문들 다음에는 토론을 위해 사용될 수 있는 질문이 뒤따라 나온다.

본격 탐구. 이 부분에서는 한 개 이상의 핵심 성경 본문이 제시되어질 것이다. 또 여기에서 주어지는 질문들은 성경 본문의 주요 내용들을 전체적으로 숙지하게 하며, 당신의 결혼생활에 그 말씀들을 실제로 적용할 수 있도록 도움을 줄 것이다. 또한 이곳저곳에 배치되어있는 '부연 설명란' 들은 성경본문의 배경이나 질문 등과 관련하여 당신의 풍성한 이해를 돕게 될 것이다.

부부 코너. 이 부분은 당신의 결혼생활에 특별한 적용과 결심을 위한 기회가 제공되는 곳이다.

보너스. 여기에서는 당신 스스로 탐구할 수 있는 좀 더 심화된 내용들을 다루고 있다. 당신이 그룹에 속해 이 교재를 공부하고 있다면, 주중에 당신의 배우자와 함께 이 '보너스' 부분을 살펴본다면 더욱 유익할 것이다.

소망하기는 이 교재가 당신의 결혼생활을 더욱 행복하고 아름답게 가꾸어가는 일에 도움이 되기를 바라는 마음이다. 우리는 당신이 당신 자신에 대해서는 냉혹하게 정직하고, 당신의 배우자에게는 지혜롭게 정직할 것을 권면한다. 만일 당신이 당신 자신과 하나님의 말씀인 성경 앞에서 기꺼이 정직해질 수 있다면, 하나님은 분명히 당신의 결혼생활에 위대한 일을 행하실 것이다. 그렇게 될 수 있기를 기도한다.

1

열망하고 환희하라

DESIRE AND ECSTASY

"육체적인 친밀함을 원하는 것이 잘못된 일인가요?"

"성경은 성이란 오직 자녀를 생산하기 위한 수단이라고 가르치고 있지 않나요?"

"성은 더러운 거에요. 저는 제 아내하고 그런 이야기를 나누는 것조차 얼굴이 화끈거려요."

"성은 이 세상에서 가장 아름다운 것인 거 같아요."

▶ 여는 말

하나님께서는 인간을 강한 '성적 열망'을 지닌 존재로 창조하셨다. 우리의 몸은 사랑하는 사람의 손길에 기쁨과 황홀감으로 반응하도록 지음을 받았다. 그런데 왜 그리스도인들은 성에 대해 그렇게 불편함과 갈등을 느끼는 것일까?

▶ 본격 탐구

아가서 성경은 우리 그리스도인들이 '부부간의 성'이나 '결혼 밖에서의 성'을 어떻게 바라보고 이해해야 할지에 대해 도움을 제시하고 있다. 솔로몬의 노래에 나오는 남자와 여자 주인공이 솔로몬 자신과 술람미 여인인지, 아니면 또 다른 남녀인지는 확신할 수 없지만, 그들이 모든 부부들을 상징하고 있는 인물들이라는 점은 분명하다. 따라서 아가서를 접하는 부부들은 자신들을 곧 아가서의 젊은 남녀 주인공으로 생각하며 그 말씀을 읽

어야 한다. 아가서 성경은 우리를 '낭만적인 사랑' 속으로 초청할 것이며, '사랑의 언어'
를 구사하도록 유도해갈 것이다.

성경 읽기 〈아 6:13-7:13〉

예루살렘 처녀들

6 [13] 돌아오고 돌아오라 술람미 여자야 돌아오고 돌아오라 우리가 너를 보게 하라

신랑

너희가 어찌하여 마하나임('두 군대' 라는 뜻)에서 춤추는 것을 보는 것처럼 술람미 여자를 보
려느냐 7 [1] 귀한 자의 딸아 신을 신은 네 발이 어찌 그리 아름다운가 네 넓적다리는 둥글어서
숙련공의 손이 만든 구슬 꿰미 같구나 [2] 배꼽은 섞은 포도주를 가득히 부은 둥근 잔 같고 허리
는 백합화로 두른 밀단 같구나 [3] 두 유방은 암사슴의 쌍태 새끼 같고 [4] 목은 상아 망대 같구나
눈은 헤스본 바드랍빔 문 곁에 있는 연못 같고 코는 다메섹을 향한 레바논 망대 같구나 [5] 머리
는 갈멜 산 같고 드리운 머리털은 자주 빛이 있으니 왕이 그 머리카락에 매이었구나 [6] 사랑아
네가 어찌 그리 아름다운지, 어찌 그리 화창한지 즐겁게 하는구나 [7] 네 키는 종려나무 같고 네
유방은 그 열매송이 같구나 [8] 내가 말하기를 종려나무에 올라가서 그 가지를 잡으리라 하였나
니 네 유방은 포도송이 같고 네 콧김은 사과 냄새 같고 [9] 네 입은 좋은 포도주 같을 것이니라 이
포도주는 내 사랑하는 자를 위하여 미끄럽게 흘러내려서 자는 자의 입을 움직이게 하느니라

신부

[10] 나는 내 사랑하는 자에게 속하였도다 그가 나를 사모하는구나 [11] 내 사랑하는 자야 우리가
함께 들로 가서 동네에서 유숙하자 [12] 우리가 일찍이 일어나서 포도원으로 가서 포도 움이 돋
았는지, 꽃술이 퍼졌는지, 석류꽃이 피었는지 보자 거기에서 내가 내 사랑을 네게 주리라 [13]
합환채가 향기를 뿜어내고 우리의 문 앞에는 여러 가지 귀한 열매가 새 것 묵은 것으로 마련
되었구나 내가 내 사랑하는 자 너를 위하여 쌓아 둔 것이로다

1. 위 노래를 통해 볼 때, 신부를 향한 신랑의 감정이 지금 어떠하다고 말할 수 있는가?

'은유(metaphors)' 읽기

아가서는 전체가 그리고 특히 신랑과 신부의 육체적인 아름다움이 묘사되는 대목마다 '은유법' 으로 가득하다. 은유법이란 인상적인 한 가지 특징을 제외하고는 전혀 다른 두 개의 대상을 동일시시키는 비유법이다. 따라서 은유법을 이해하기 위해서는 그 두 대상 간의 그 한 가지 비슷한 특징을 읽어낼 수 있어야만 한다. 예를 들어, 위 노래 속의 신부는 어떤 면에서 '열매 맺힌 종려나무' 와 같은가?(7절) 그녀는 아마도 키가 큰 늘씬한 체형이었을 것이다. 그러나 이 은유를 통해 보건대, 지금 신랑의 낭만적이고 육체적인 관심의 대상은 '종려나무의 열매송이' 와도 같은 신부의 가슴이라는 사실이 분명해진다.

2. 당신은 이런 정열적인 사랑의 표현이(7:1-13) 결혼생활에 필요하다고 생각하는가? 왜인가 혹은 왜 아닌가?

당신 자신의 경험에 비추어볼 때, 이러한 열정에 대해 무어라고 말하고 싶은가?

3. 왜 신랑과 신부는 자신들의 친밀함을 나누기 위해서 들로 나가기를 원하고 있는가?(7:11)

4. 신부의 몸을 묘사하고 있는 신랑의 표현들을 탐구해보라. 신랑이 제시하고 있는 그 이미지들 중 몇 가지를 선택하여, 그것들이 의미하고 있는 바가 무엇인지를 서로 토의해보라.

신부의 춤

아가서 6:14에 언급되고 있는 '춤'은 아마도 '두 군대 간의 격돌'로 비유되고 있는 듯싶다. 신부의 춤을 지켜보는 것이 전투중인 두 군대를 바라보고 있는 것과 같다는 것이다. 눈을 뗄 수 없을 만큼 매혹적이라는 뜻일 것이다.

언덕 위에 서서 그 밑 골짜기에서 벌어지고 있는 두 군대 간의 전투 장면을 내려다보고 있는 당신 자신의 모습을 상상해보라. 당신은 그 장관(壯觀)으로부터 도무지 시선을 뗄 수가 없을 것이다. 신랑이 자신의 사랑하는 신부가 춤을 추고 있는 모습을 보는 심정 또한 마찬가지라는 의미이다. 신부의 자태는 신랑의 무릎을 떨리게 만들 정도로 아름다워 보인다. 6:14은 아가서 시인이 사랑하는 신부의 모습을 바라보면서 신랑이 느끼는 기쁨과 감탄의 마음을 묘사하기 위해 '군사적인 용어'를 사용하고 있는 수많은 대목들 중의 하나이다.

5. 신랑의 노래에 대한 신부의 반응은 어떤 것인가?(7:10-13)

6. 이런 식의 솔직하고 상세한 대화가 신랑과 신부와의 관계를 어떻게 더욱 친밀하게 만들어줄 것 같은가?

7. '술람미(Shulammite)'라는 신부의 이름이 지닌 의미에 기초하여볼 때(아래의 부연 설명란 참조), 위 신랑과 신부의 친밀한 관계의 목표가 무엇이라고 생각되는가?

'술람미(The Shulammite)'

아가서 6:13에서야 일종의 신부의 이름이 처음으로 등장하는데, 그것이 '술람미(The Shulammite)' 이다. NLT 성경에는 '술람의 처녀(maid of Shulam)' 로 번역이 되어있기도 하다. 이 이름의 의미에 대해서는 많은 논란이 있다. 하지만 두 가지 정도의 해석이 가능할 것 같다. 첫째로, 이것은 히브리어로는 '슐로모(Shlomo)' 인 '솔로몬(Solomon)' 이라는 이름의 여성형이라는 것이다. 둘째로는, '슐로모(Shlomo)' 처럼 '술람미(Shulammite)' 라는 이름 역시 '평화' 나 '만족' 을 뜻하는 히브리어 단어 '샬롬(shalom)' 으로부터 유래한 것이라는 해석이다. 아가서의 노래들은 '솔로몬' 의 것들이며, 그 수령인은 '술람미' 이다. 그리고 그들의 친밀한 관계는 서로에게 '만족' 과 '평화' 를 가져온다.

▶ 부부 코너

위에서 살펴본 것처럼, 아가서에 나오는 신부의 이름은 '만족' 이라는 의미이다. 아마도 이것은 신랑과 신부 관계의 결과에 대한 표현인 듯싶다. 당신 부부의 관계는 어떤 식으로 서로에게 '만족' 을 안겨주는가?

어떻게 당신의 부부관계가 더 큰 만족을 향해 성장해가도록 만들 수 있겠는가?

▶ 보너스

산상수훈에서 예수님께서는 여자를 보고 음욕을 품는 위험에 대하여 경고하고 계신다(마 5:28). 그분의 경고는 만약 우리의 눈이 우리로 범죄케 하거든 빼어내 버리라고 말씀하실 정도로 강력하다(마 5:29). 이것은 결혼하기 전까지는 사랑하는 사람을 향해 그 어떤 성적인 감정도 느껴서는 안 된다는 것을 의미하는 말씀인가? 왜 인가 혹은 왜 아닌가?

본격 탐구 노트

Study 1. 열망하고 환희하라 <아 6:13-7:13>

목적: 하나님께서 부부 사이의 '성적 열망' 을 어떻게 바라보고 계신지에 대해 알아보고자 함.

개요. '부부간의 성' 에 관한 '성경 교과서' 인 아가서(Song of Songs)는 흔히 그리스도인들에 의해 간과되어지고 있는 작은 '시집(詩集)' 이다. 하지만 그 이름에서도 알 수 있듯이, 아가서는 모든 노래들 중의 가장 뛰어난 노래이다. 그런데 그 노래의 내용이 너무 '노골적인' 관계로 교회는 아가서 성경을 어떻게 대해야 할지 몰라 하던 때가 있었다. 그래서 '성(性)' 과 '영(靈)' 은 조화될 수 없다고 가르치던 시절들의 아가서는 하나의 '비유' 로 취급되었고, 그 진짜 주제는 '하나님과 교회' 혹은 '그리스도와 교회' 간의 관계를 상징하는 노래라고 가르쳐졌다. 물론 올바른 해석이다.

그러나 아가서의 일차적인 내용은 남녀 간의 사랑이며, 신랑과 신부의 육체적인 열망을 노래하고 있는 '연애시(love poem)' 임이 또한 분명하다. 이번 장(章)의 탐구 말씀인 아가서 6:13-7:13과 다음 장(章)의 4:1-5:1과 5:10-16은 우리가 '노래 중의 노래' 라고 알고 있는 아가서의 연애시들 중에서도 가장 특별한 종류의 노래들이다.

학자들은 이러한 시를 '와스프(wasf)' 라고 부르기도 한다. 이것은 '묘사(description)' 라는 뜻의 아랍어이다. 이런 시들은 신랑이나 신부의 육체적인 아름다움을 머리에서부터 발끝까지 혹은 발끝에서부터 머리까지 순서적으로 묘사해간다. 그리고 그런 묘사는 다분히 감각적이며, 육체적 결합을 위한 전주곡으로 여겨진다. 오늘날의 언어로 말하자면, 그런 시들은 낭만적인 사랑의 분위기를 조성하는 역할을 하는 것이다.

질문 1. 특히 "종려나무에 올라가서 그 가지를 잡으리라."는 신랑의 말에 의해 표현되고 있는 열망의 정도를 주목해서보라(7:8). 물론 여기서 '열매 맺힌 종려나무' 는 사랑하는 신부를 지칭한다. 신랑은 신부의 몸과 하나 되기를 원하는 육체적 친밀함을 갈망하고 있다. 그에게는 지금 '종려나무의 열매송이' 로 비유되고 있는 신부의 가슴이 머릿속에 아른거리고 있다(7:7).

또한 어떻게 신랑이 신부의 입맞춤을 '포도주'에 비유하고 있는지를 주목해보라(7:9). 포도주는 사람을 취하게 하는 감각적인 음료이다. 사랑하는 이의 입맞춤 또한 포도주와 같은 동일한 효과를 가져온다. 신랑의 입속으로 흘러들어가는 신부 입속의 포도주 이미지는 가장 큰 기쁨을 주는 형태의 친밀감을 묘사해주고 있는 것이다(7:9).

질문 2. 반원들로 하여금 각자 대답해보도록 하라.

질문 3. 아가서 전체를 통하여, '들(countryside)'은 '격리된 은밀하고 내밀한 공간'을 상징한다. 반면에 '성읍(city)'은 사람들로 붐비는 곳이다. 당연히 낭만적인 밀회에 도움이 되지 않는 장소다. 물론 이것은 부부가 친밀한 만남을 위해 외딴 시골을 찾아다녀야만 한다는 뜻은 아니다. 부부간의 깊은 사랑의 공간은 외부의 방해를 받지 않는 곳이어야 한다는 의미이다.

질문 4-6. 아가서의 '은유' 넘치는 언어들은 결코 '점잔'을 부리지 않는다. 그것들은 감각적이고 자극적이다. 그리고 그렇다보니, 아가서는 일부 그리스도인들을 불편하게 만들기도 한다. 그러나 기억할 것은 '아가서' 역시 '성경' 즉, '하나님의 말씀'이라는 사실이다. 하나님께서는 결혼한 부부들이 이런 언어들을 들을 필요가 있음을 알고 계셨던 것이다. 그분은 당신께서 부부간의 '육체적인 친밀함'을 얼마나 중요하게 여기시고 계신지를 알려주시기 원하셨던 것이다. 은유적인 표현은 한 단어로 그것의 의미를 설명하기가 쉽지 않다. 은유법은 그 의미하는 바가 깊고 풍부하여 감정들을 자아낸다. 우리가 아가서의 모든 은유적인 표현들을 완벽하게 다 이해할 수는 없다. 따라서 아래에 소개하고 있는 은유들의 의미가 혹 당신의 생각과 일치하지 않더라도 실망하지 않기를 바란다.

- **구슬 꿰미 같은 넓적다리**(Legs like jewels, 7:1) : 물론 '구슬 꿰미(jewels)'는 귀한 것이다. 신부의 곡선미 넘치는 넓적다리가 신랑의 마음을 끈다. 그 어떤 장인도 그것들을 이보다 더 사랑스럽게 만들 수 없을 것 같다. '구슬 꿰미(jewels)'로 번역된 이 단어는 '고리(ring)'로 이해될 수도 있는 말이어서, 신부의 넓적다리 안쪽의 '만곡부'를 의미하는 표현일 수도 있다.
- **둥근 잔 같은 배꼽**(Navel like a rounded goblet, 7:2) : 특히나 항상 옷과 천 등으로 온몸을 가리고 살던 고대 사회에서 여성의 드러난 배꼽은 사뭇 감각적이다. 그리고 대

부분의 성경학자들의 주장처럼, 여기에 쓰인 '배꼽' 이라는 단어가 실제로 여성의 '은밀한 곳' 을 의미하는 것이라면, 그 성적인 이미지는 한층 더 고조되어진다. 또 물론 배꼽 자체가 받침 달린 포도주잔처럼 움푹 파였기 때문에, 그곳은 문자 그대로 포도주로 채워질 수도 있다. 그리고 신랑은 그 포도주를 마실 수 있다. 하지만 신랑과 신부간의 이러한 행위는 상스러움이나 음란함과는 전혀 상관이 없는 것이다.

- **밀단 같은 허리**(Belly like a heap of wheat, 7:2) : 이 이미지에 대한 일반적인 해석은 그것이 가운데를 끈으로 묶은 밀단처럼 잘록한 허리를 상징하는 것이라는 견해이다. 그러나 성경학자들에 따르면, '허리(belly)' 라고 번역된 단어의 또 다른 뜻 때문에 이 은유 또한 여성의 '은밀한 곳' 을 의미하는 것일 수도 있다.
- **암사슴 쌍태 새끼 같은 유방**(Breasts like two fawns, 7:3) : 여기서 우리는 암사슴의 뒷모습을 상상해볼 필요가 있다. 짧은 꼬리가 붙어있는 암사슴의 둥근 엉덩이는 유두가 돌출된 둥글고 부드러운 신부의 가슴을 비유하고 있다.
- **상아 망대 같은 목**(Neck like an ivory tower, 7:4) : '망대(tower)' 는 웅장하고, 당당하고, 강력하다. 물론 상아로 만들어진 진짜 망대 같은 것은 없었을 것이다. 그러나 '상아' 는 '부유함' 의 상징이었고, 아마도 신부가 목에 두르고 있었던 '장신구' 를 의미하는 것일 수도 있다.
- **헤스본의 연못 같은 눈**(Eyes like the pools of Heshbon, 7:4) : 물론 '연못' 이라는 은유는 건조한 눈이 아닌 '촉촉한 눈' 을 암시하고 있는 것이며, '헤스본' 은 아름다운 연못들을 가지고 있었던 것으로 추정되는 실제 도시였다.
- **레바논의 망대 같은 코**(Nose like the tower of Lebanon, 7:4) : 여기서는 코의 크기가 문제가 아니다. '상아 망대 같은 목' 이라는 표현처럼, 이 이미지 역시 위엄과 당당함을 상징하고 있다.
- **갈멜산 같은 머리**(Head like Mount Carmel, 7:5) : 갈멜산은 그 아름다움으로 유명한 산이었다. 그것은 눈부신 나무들로 풍성했다. 수많은 산들 중 뛰어난 갈멜산처럼 수많은 여인들 중 그녀의 머리 또한 뛰어났음을 의미한다.
- **자주 빛 머리털**(Hair like royal tapestry, 7:5) : 이것은 가장 고운 종류의 머리털을 상

징하는 표현이다.

- **종려나무 같은 키**(Stature like a palm, 7:7) : 신랑의 눈에, 신부가 키가 크고 늘씬한 여인이었음을 볼 수 있다.
- **열매송이 같은 유방**(Breasts like clusters of fruit, 7:7) : 신부의 가슴은 신랑의 관심을 끈다. 향긋한 내음을 풍기는 신부의 가슴을 신랑은 부드럽게 만지기를 원한다. 그리고 그 열매송이의 '과즙' 또한 맛보기를 원한다.

질문 7. '술람미' 는 '만족' 이라는 뜻이다. 그리고 이것은 신랑과 신부의 친밀함의 결과가 둘 사이의 '만족스런 연합' 임을 암시하고 있다.

보너스 질문. 음욕에 대한 예수님의 강력하신 경고를 담고 있는 똑같은 성경이 그렇게 많은 성적인 이미지들을 내포하고 있는 표현들을 사용하는 아가서를 동시에 포함하고 있다는 사실이 모순처럼 보이기도 한다.

그러나 '음욕(lust)' 과 '열망(desire)' 은 다르다. '음욕(lust)' 은 자신을 태워버리고 상대를 정복하고자 하는 욕망이다. 하지만 젊은 남녀가 자신이 사랑하는 사람과 친밀함을 나누고자 하는 '열망' 은 자연스럽고 정상적인 욕구이다. 물론 정식적으로 결혼이 이루어지기 전까지는 그러한 '열망' 을 따라 행동하지 않도록 주의를 기울이는 것이 중요한 일이지만 말이다.

2

욕체를 부끄러워 말라

DIFFERENT BODIES

"성경은 외모가 중요한 것이 아니라고 가르치고 있어요. 따라서 당신이 결혼할 여성이 갖추어야할 조건은 오직 신앙과 인격이에요. 미모는 단지 가죽 한 꺼풀 차이일 뿐이에요."

"저는 남편이 너무 살이 찐 이후로, 남자로서의 매력을 느낄 수가 없어요."

▶ 여는 말

남자와 여자는 사뭇 다르게 만들어졌다. 이것은 단지 해부학적 구조 이상을 언급할 뿐만 아니라 당연히 외적인 모습까지도 일컫는 말이다. 남성의 마음을 끄는 여성의 '매력 포인트'는 무엇일까? 또 여성의 마음을 설레게 하는 남성의 '매력 포인트'는 무엇인가?

▶ 본격 탐구

성경 읽기 〈아 4:1-5:1, 5:10-16〉

신랑

4 1 내 사랑 너는 어여쁘고도 어여쁘다 너울 속에 있는 네 눈이 비둘기 같고 네 머리털은 길르
앗 산기슭에 누운 염소 떼 같구나 2 네 이는 목욕장에서 나오는 털 깎인 암양 곧 새끼 없는 것
은 하나도 없이 각각 쌍태를 낳은 양 같구나 3 네 입술은 홍색 실 같고 네 입은 어여쁘고 너울
속의 네 뺨은 석류 한 쪽 같구나 4 네 목은 무기를 두려고 건축한 다윗의 망대 곧 방패 천 개,
용사의 모든 방패가 달린 망대 같고 5 네 두 유방은 백합화 가운데서 꼴을 먹는 쌍태 어린 사

슴 같구나 [6] 날이 저물고 그림자가 사라지기 전에 내가 몰약 산과 유향의 작은 산으로 가리라
[7] 나의 사랑 너는 어여쁘고 아무 흠이 없구나 [8] 내 신부야 너는 레바논에서부터 나와 함께 하
고 레바논에서부터 나와 함께 가자 아마나와 스닐과 헤르몬 꼭대기에서 사자 굴과 표범 산에
서 내려오너라 [9] 내 누이, 내 신부야 네가 내 마음을 빼앗았구나 네 눈으로 한 번 보는 것과 네
목의 구슬 한 꿰미로 내 마음을 빼앗았구나 [10] 내 누이, 내 신부야 네 사랑이 어찌 그리 아름다
운지 네 사랑은 포도주보다 진하고 네 기름의 향기는 각양 향품보다 향기롭구나 [11] 내 신부야
네 입술에서는 꿀방울이 떨어지고 네 혀 밑에는 꿀과 젖이 있고 네 의복의 향기는 레바논의
향기 같구나 [12] 내 누이, 내 신부는 잠근 동산이요 덮은 우물이요 봉한 샘이로구나 [13] 네게서 나
는 것은 석류나무와 각종 아름다운 과수와 고벨화와 나도풀과 [14] 나도와 번홍화와 창포와 계
수와 각종 유향목과 몰약과 침향과 모든 귀한 향품이요 [15] 너는 동산의 샘이요 생수의 우물이
요 레바논에서부터 흐르는 시내로구나

신부

[16] 북풍아 일어나라 남풍아 오라 나의 동산에 불어서 향기를 날리라 나의 사랑하는 자가 그 동
산에 들어가서 그 아름다운 열매 먹기를 원하노라

신랑

5 [1] 내 누이, 나의 신부야 내가 내 동산에 들어와서 나의 몰약과 향재료를 거두고 나의 꿀송이
와 꿀을 먹고 내 포도주와 내 우유를 마셨으니

예루살렘 처녀들

나의 친구들아 먹으라 나의 사랑하는 사람들아 마시고 많이 마시라

신부

[10] 내 사랑하는 자는 희고도 붉어 많은 사람 가운데에 뛰어나구나 [11] 머리는 순금 같고 머리털
은 고불고불하고 까마귀 같이 검구나 [12] 눈은 시냇가의 비둘기 같은데 우유로 씻은 듯하고 아
름답게도 박혔구나 [13] 뺨은 향기로운 꽃밭 같고 향기로운 풀언덕과도 같고 입술은 백합화 같
고 몰약의 즙이 뚝뚝 떨어지는구나 [14] 손은 황옥을 물린 황금 노리개 같고 몸은 아로새긴 상아
에 청옥을 입힌 듯하구나 [15] 다리는 순금 받침에 세운 화반석 기둥 같고 생김새는 레바논 같으
며 백향목처럼 보기 좋고 [16] 입은 심히 달콤하니 그 전체가 사랑스럽구나 예루살렘 딸들아 이
는 내 사랑하는 자요 나의 친구로다

1. 위 시들은 신부와 신랑의 육체미를 크게 노래하고 있다. 당신은 어떤가? 이 노래들이 아름답게 느껴지는가 아니면 그렇지 않은가?

당신은 당신의 아내나 남편이 아름답다고 믿어지는가 아니면 그렇지 않은가?

2. 잠언 31:30은 이렇게 외치고 있다. "고운 것도 거짓되고 아름다운 것도 헛되나 오직 여호와를 경외하는 여자는 칭찬을 받을 것이라." 그렇다면, 이 잠언의 말씀과 육체의 아름다움을 강조하고 있는 위 아가서의 말씀이 서로 모순되는 것인가? 설명해보라.

3. 신랑과 신부가 은유법을 사용하여 서로의 존재에 대해 어떻게 감탄하고 있는지를 주목해보라. "네 눈이 비둘기 같고…… 네 입술은 홍색 실 같고.", "그의 뺨은 향기로운 꽃밭 같고…… 다리는 순금 받침에 세운 화반석 기둥 같고." 이러한 은유들이 의미하고 있는 바는 무엇인가?

4. 신부의 아름다움을 노래하는 신랑의 시는 신부의 동산 향기를 칭송하는 언어들로 일단락을 짓고 있다(4:12-14). 마침내 신부는 자신의 동산으로 신랑을 초청한다(4:16). 그리고 신랑은 그곳에서 "몰약과 향재료를 거두고 꿀송이와 꿀을 먹고 포도주와 젖을 마신다."라고 말한다(5:1). 이 결정적인 순간은 무엇을 의미하고 있는 것인가?

아가서 속의 '동산'들

아가서를 읽어가는 내내, 우리는 '동산(garden)'들을 만나게 된다. 때로 동산은 신랑과 신부가 만나 친밀한 기쁨을 나누는 장소이기도 하며, 또 때론 신부의 몸을 묘사하는 표현이기도 하다(4:12-15). 고대 근동 지역의 연애시들의 관점에서 볼 때, 우리는 '동산'이라는 은유가 여성의 신체 중 '가장 은밀한 곳'을 완곡하게 지칭하는 단어임을 알 수가 있다. 그리고 이것이 사실임을 알 수 있는 또 하나의 이유는 여성의 '가장 은밀한 곳'에 대한 또 다른 유명한 비유인 '샘(fountain)'이라는 단어가 동시에 사용되고 있다는 것이다. 잠언 5:15-20을 참조해보라(……네 샘으로 복되게 하라. 네가 젊어서 취한 아내를 즐거워하라…….).

5. 위 시를 다시 한 번 읽으면서, 신랑과 신부가 서로의 몸을 묘사할 때 언급되고 있는 여러 다른 감각들을 주목해보라. 이것은 부부가 서로를 즐거워하는 일에 어떻게 도움을 줄 수 있는가?

6. 아가서의 많은 표현들이 '성적인' 감정들을 불러일으킨다. 예를 들면, 여성의 몸이나 남성의 몸의 부분들을 대담하게 묘사함에 있어서 그렇다. 그런데 이런 언어들이 적절한 것인가? 만약 그렇다면, 어떤 상황에서 그럴 수 있는가?

7. 신랑은 4:8에서 신부에게 들짐승들이 그녀를 해칠 수도 있는 위험한 산악지역으로부터 내려올 것을 요청하고 있다. 하지만 문자 그대로 신부가 사자와 표범들이 서식하고 있는 지대 근처에서 실제로 살았을 것 같지는 않다. 그렇다면, 당신은 지금 신랑이 무슨 의미로 그런 말을 하고 있는 것이라고 생각하는가?

‘성서(聖書)’ 에 왠 ‘성서(性書)’ ?

성경 중에서도 가장 ‘감각적인’ 성경인 아가서는 4:1-5:1, 5:10-16, 6:4-9, 7:1-9의 ‘묘사시’ 들 속에서 더욱 특별히 그 ‘감각성’ 을 드러낸다. 신랑과 신부는 서로의 ‘암사슴 쌍태 새끼 같은 가슴’, ‘포도주 잔 같은 배꼽’, ‘구슬 꿰미 같은 넓적다리’ 와 ‘상아 같이 단단한 몸’, ‘기둥 같은 다리’ 등에 대하여 감탄의 노래를 부르고 있다.
많은 이들이 이처럼 ‘직접적이고 노골적인’ 표현들을 성경이 담고 있다는 사실에 충격을 받기도 한다. 그들은 ‘육체’ 와 ‘영’ 이 무슨 상관관계가 있는 것인가 라고 생각한다. 하지만 아주 밀접하고도 많은 관계가 있다. 하나님께서는 우리의 ‘영혼’ 뿐만 아니라 우리의 ‘육체’ 또한 만드셨기 때문이다. 그분은 우리를 ‘전(全)존재’ 적으로 지으셨다. 하나님은 우리의 ‘육체’ 와 ‘영혼’ 모두에 관심이 있으시다. 아가서 성경은 ‘부부간의 성’ 의 아름다움을 축하하고 축복하며, 하나님의 사람들에게 ‘하나님의 선물’ 로서의 성을 즐거워할 것을 조언한다.

▶ 부부 코너

시간을 내어 당신의 아내나 남편에 대한 짧은 ‘묘사시’ 를 하나씩 지어보도록 하라. 당신 자신의 언어를 사용하여 아내나 남편의 매력 포인트를 칭찬해보라. 만약 시가 어렵거나 좀 어색하게 느껴진다면, 사랑의 마음을 담은 편지 한 장도 좋을 것이다.

▶ 보너스

베드로전서 3:3-6을 읽어보라.

“여러분은 머리를 치장하거나, 금붙이를 달거나 옷을 차려 입거나 하는 겉치장을 하지 말고, 썩지 않는 온유하고 정숙한 마음으로, 속사람을 단장하도록 하십시오. 이것이 하나님께서 보시기에 값진 것입니다. 전에 하나님께 소망을 두고 살던 거룩한 여인들도 이와 같이 자기를 단장하고, 자기의 남편에게 순종하였습니다. 마치 사라가 아브라함을 주인이라고 부르면서, 그에게 순종한 것과 같습니다. 여러분도 선을 행하고, 아무리 놀랄 만한 일에도 무서워하지 않으면, 사라의 딸들이 될 것입니다.” (벧전 3:3-6, 표준새번역)

무엇이 진정 여성을 아름답고 흠모할만하게 만드는 것인지에 대해 서로 이야기해보라. 위 말씀과 아가서가 서로 상충되는가?

본격 탐구 노트

Study 2. 육체를 부끄러워 말라 <아 4:1-5:1, 5:10-16>

목적: 부부관계에 있어서 육체의 아름다움이 차지하는 역할에 대해 토론해보고자 함.

질문 1. 죄가 이 세상에 들어오고 난 후, 모든 인간은 자기 자신과 다른 사람들에 대하여 모든 면에 있어서 무언가 부족함을 느끼게 되었다. 그 결과, 자신이나 상대의 육체적인 아름다움을 바라보는 시선에도 문제가 발생하게 되었다. 범죄 이후, 아담과 하와가 어떻게 자기 자신들을 서로의 눈길로부터 감추려고 하였는지를 기억해보라. 우리 모두는 우리 자신이 충분히 매력적이지 못하다고 느끼게 되었다. 그리고 이것이 바로 우리가 서로로부터 칭찬과 격려의 말들을 들을 필요가 있는 이유이기도 하다. 남편과 아내가 서로 주고받는 칭송의 말은 서로의 마음을 열게 하고, 친밀함을 불러온다. 그것은 상대 배우자 앞에서 우리 자신을 감추지 않아도 된다는 안정감을 불러일으키며, 친밀한 접촉을 이룰 수 있도록 유도한다. 만약 누군가 자신의 아내나 남편으로부터 아름다움을 발견할 수 없다면, 문제는 그 사람 자신에게 있는 것이다. 왜냐하면, 결국 모든 인간은 하나님의 형상을 따라 만들어졌으며, 그분의 영광을 반영하고 있는 존재이기 때문이다.

질문 2. 아가서는 부부가 서로에게 '육체적인 매력' 을 느끼는 것이 전혀 잘못된 것이 아님을 분명히 말씀해주고 있다. 그러나 '육체적인 매력' 이 부부가 함께하는 가장 중요한 이유이거나 전체적인 이유가 되어서는 안 된다는 것 또한 성경의 가르침이다. 잠언 31:30은 육체의 미가 완전히 '무가치한 것(worthless)' 이라고 이야기하고 있는 것이 아니라, '덧없는 것(fleeting)' 이라고 지적하는 것이다. 중요한 것은 '하나님과의 좋은 관계성' 이다. 그 관계는 세월과 나이에 상관없이 영원한 것이기 때문이다. 오직 외적인 아름다움에만 치중하여 세워진 관계는 시간이 흐름에 따라 무너지고 말 것이다. '보너스 질문' 에 대한 답변을 참조하라.

질문 3. 아가서의 '묘사시' 들은 상당히 '자극적' 이며, 결코 '점잖지' 못해 보인다. 하지만 그것들은 열망에 대한 솔직한 표현이다. 신랑과 신부가 사랑하는 이의 몸에 대해 서로 이야기를 하는 것은 '정직한' 것이며, '더럽거나' '음란한' 것이 절대로 될 수 없다. 성경공부 참가자들은 '묘사시' 들 속에 사용된 은유들 중 일부를 선택하여, 함께 묵상해 보고, 그것들이 무엇을 의미하고 있는 것인지에 대해 함께 토론해봐야 할 것이다. 신부의 아름다움에 관한 몇몇 이미지들은 앞에서 이미 살펴본 것들이기도 하다(제1장의 '질문 4-6' 의 답변을 참조하라). 또 다른 것들은 새로운 것들이다. 특히 NLT(New Living Translation)성경본은 '애매모호하게' 표현된 이미지들에 대해 직접적인 힌트를 제시함으로써 독자들의 이해를 돕는다. 그러나 대부분의 영어성경본들은 독자들의 심기를 '불편하게' 하지 않기 위해 지나치게 조심을 하고 있는 듯이 보이기도 한다.

한 예로, 5:14의 번역이다. 보통 다른 성경본들은 이 구절을 "그의 몸은(His body) 청옥으로 빛나는 상아와 같다." 라는 식으로 표현하고 있다. 이것은 신랑의 외관에 대한 찬사로 비쳐진다. 하지만 NLT는 다음과 같이 좀 더 직접적으로 번역을 하고 있다. "그의 은밀한 곳은(His member) 청옥으로 장식된 상아와 같다." 그리고 이런 '정직한' 번역은 부부들로 하여금 남편과 아내가 서로의 '성적인 매력' 에 끌리는 것이 건강하고 아름다운 것임을 상기시켜주는 역할을 하고 있다.

질문 4. 위의 '부연 설명란' 에서도 보았듯이, '동산' 이라는 이미지는 여성의 '가장 소중한 부분' 을 감각적으로 묘사한 표현이다. 신부의 '동산' 에 대한 신랑의 진술은 환희에 차있다. 결국 신부의 몸에 있어서 신랑의 궁극적인 관심은 그곳에 집중될 수밖에 없기 때문이다. 물론 여기서 신부가 자신의 '동산' 으로 신랑을 초청한다는 것은 육체적인 친밀함의 최절정을 가리키는 것이다. 또 "몰약과 향재료를 거두고, 꿀송이와 꿀을 먹고, 포도주와 젖을 마신다."는 신랑의 표현들 역시 신부와의 육체적인 결합 속에서 느끼게 되는 희열을 표출하고 있는 것이다.

질문 5. 아가서의 '묘사시' 들 속에는 모든 감각들이 전부 다 동원되고 있다. 신부와 신랑의 아름다움을 가장 선명하게 표현하는 데 사용되는 감각은 역시 '시각' 이다. 하지만 향기를 맡는 '후각' 과 부드러운 손길의 '촉각' 과 사랑하는 이의 음성을 듣는 '청각' 그리고 맛을 보는 '미각' 까지도 빠지지 않는다. 사랑은 결국 모든 감각을 기쁨에 들뜨게 하는 것이기 때문이다. 아가서는 부부들로 하여금 모든 감각기관들을 총동원하여 하나님께서 선물로 허락하신 서로의 몸을 즐거워하며, 부부간의 깊은 연합을 가지도록 초대하고 있다.

질문 6. 아가서의 '감각적인 언어들' 이 '성경' 에 기록되어 있다는 사실만으로도 우리는 그것들이 명백히 성경적인 것이라고 말할 수가 있다. 하지만 물론 그러한 언어들은 오직 '합법한' 상황에서만 가능한 것이다. 남자와 여자가 서로에 대해 이러한 지극히 '사적인' 언어들을 말할 수 있는 것은 하나님께서 제정하신 '결혼' 이라는 테두리 안에서 뿐이다. 그리고 '결혼' 의 범주 속에서는 이러한 극도의 친밀함이 허락되어있을 뿐만 아니라, 그러한 친밀감은 부부의 관계를 더욱 돈독히 세워나가기 위한 역할도 감당한다.

질문 7. '사자 굴' 과 '표범 산' 은 신랑의 보호권으로부터 떨어져있는 위험한 장소를 상징하고 있는 것이다. 신랑은 신부에게 그녀가 위로와 보호를 얻을 수 있는 자신의 품으로 돌아와 줄 것을 촉구하고 있는 것이다.

보너스 질문. 위 베드로전서의 말씀은 가장 중요한 아름다움은 내적인 것임을 분명하게 가르쳐주고 있다. 그러나 '영적인 아름다움' 이 더 중요하다고 해서 '육체적인 아름다움' 에 관심을 갖는 것은 완전히 잘못된 것이라는 의미는 아니다. '육체의 미' 는 오히려 '영혼의 미' 와 '인격의 미' 에 의해서 더욱 증진될 수 있다.

베드로전서 3:3-6은 잠언 31:30과도 일맥상통하는 말씀으로서, 육체적인 아름다움이 결코 무시되어질 수 있는 것은 아니지만, 단지 '하나님을 향한 사랑' 과 '인격' 보다 앞설 수는 없다는 사실을 교훈하고 있는 것이다. 결국 '미(美)' 라는 것도 '제 눈에 안경' 이지 않은가?

3

열정적으로 사랑하라

TIME FOR PASSION

"저희 부부는 너무 바쁘게 살아요. 운 좋게 혹 육체적인 친밀함을 위한 시간이 나도, 느긋하게 그 시간을 즐길 수가 없어요. 바쁘다보니 사전에 분위기를 잡는 일 또한 그리 많지가 않고요."

"사랑의 순간을 위해 더 많은 시간을 들이면 들일수록, 기쁨 또한 그만큼 더 커지는 법이지요."

▶ 여는 말

정신없이 바쁘게 돌아가는 세상 속에서, 우리의 '부부생활' 또한 온갖 책임감과 일들과 피로의 홍수에 묻혀 사라져갈 수 있다. 부부들은 둘만의 시간을 마련하기 위해선 '전쟁'을 치러야만 한다. 그러다보니, 부부간의 성 역시 찰나적으로 긴장감을 해소하기 위한 '속전속결의 일상사'로 전락해버렸다. 그리고 '일상사'는 곧 지루해지는 법이고, 부부간의 성은 서로의 '기쁨'보다는 단지 하나의 '의무'가 되어버리고 만다. 당신은 '부부의 육체적 친밀함'을 위한 시간을 마련하는 일에 어떤 '전략'들을 가지고 있는가?

▶ 본격 탐구

아가서는 부부간의 사랑의 불꽃을 다시금 일으킬 수 있는 한 방편으로서의 육체적 친밀함 속으로 당신을 초청하며 격려한다.

성경 읽기 〈아 1:2-4, 1:7-17, 표준새번역〉

신부

2 나에게 입맞춰 주세요, 숨막힐 듯한 임의 입술로. 임의 사랑은 포도주보다 더 달콤합니다. 3
임에게서 풍기는 향긋한 내음. 사람들은 임을 쏟아지는 향기름이라고 부릅니다. 그러기에, 아
가씨들이 임을 사랑합니다. 4 나를 데려가 주세요, 어서요. 임금님, 나를 데려가세요, 임의 침
실로.

예루살렘 처녀들

우리는 임과 더불어 기뻐하고 즐거워하며, 포도주보다 더 진한 임의 사랑을 기리렵니다. 아가
씨라면, 누구나 임을 사랑하고 싶을 것입니다.

신부

7 사랑하는 그대여, 나에게 말하여 주세요. 임은 어디에서 양 떼를 치고 있습니까? 대낮에는
어디에서 양 떼를 쉬게 합니까? 양 떼를 치는 임의 동무들을 따라다니며, 임이 있는 곳을 물
으며 헤매란 말입니까?

신랑

8 여인들 가운데서도 빼어나게 아리따운 여인아, 네가 정말 모르겠거든, 양 떼의 발자취를 따
라가거라. 양치기들이 장막을 친 곳이 나오거든, 그 곁에서 너의 어린 염소 떼를 치며 기다려
보아라. 9 나의 사랑 그대는 바로의 병거를 끄는 날랜 말과도 같소. 10 땋은 머리채가 흘러내린
임의 두 볼이 귀엽고, 구슬목걸이 감긴 임의 목이 아름답소. 11 금사슬에 은구슬을 박은 귀고
리를 우리가 너에게 만들어 주마.

신부

12 임금님이 침대에 누우셨을 때에, 나의 나도 기름이 향기를 내뿜었어요. 13 사랑하는 그이는
나에게 젖가슴 사이에 품은 향주머니라오. 14 사랑하는 그이는 나에게 엔게디 포도원의 고벨
꽃송이라오.

신랑

15 아름다워라, 나의 사랑 아름다워라, 비둘기 같은 그 눈동자

신부

16 나의 사랑, 멋있어라. 나를 이렇게 황홀하게 하시는 그대! 우리의 침실은 푸른 풀밭이라오.
17 우리 집 들보는 백향목이요, 우리 집 서까래는 전나무라오.

'왕' 과 '목동'

아가서 1장에서 신부는 자신의 신랑을 '왕' 인 동시에 '목동' 으로 지칭하고 있다(4절, 7절). 많은 이들이 아가서는 '왕' 에 관한 이야기이기 때문에 '목동' 은 그 왕과는 아무 상관없는 '제3의 인물' 이라고 잘못 생각해왔다. 그러나 아가서는 낭만적인 이미지들을 사용하여 사랑을 노래하고 있는 시들임을 기억할 필요가 있다. 지금 신부의 눈에는, 자신의 신랑이 '왕' 이기도 하지만, 그 신랑이 자신들의 꿈결 같은 사랑을 위하여 로맨틱한 초원을 준비하고 있는 '목동' 으로도 비쳐지는 것이다. 따라서 이 시들을 읽는 부부들 또한 아내들은 자신의 남편을 '왕이자 목동' 으로 생각할 이유가 있고, 남편들 역시 자신의 아내를 이 시 속에서 말하고 행동하고 있는 '신부' 로 상상할 이유가 있는 것이다.

1. 신부는 자신의 신랑이 얼마나 멋진 남자인가를 묘사함에 있어서, 어떤 감각적인 기쁨들을 언급하고 있는가?(2-4절)

그리고 이것은 부부들의 서로를 향한 열망에 대해 무엇을 암시하고 있는가?

2. 어떻게 신랑의 사랑이 포도주처럼 혹은 그것보다 더 달콤할 수 있는가?(2절)

3. 신부는 남편의 '이름' 즉 그의 '명성' 을 칭송하고 있다(3절). 명성(평판)은 어떤 점에서 사람의 마음을 끌기도 하고 멀어지게도 하는가?

'이름' 과 '명성'

구약 성경에서 '이름' 은 곧 '명성' 을 의미한다. 따라서 신부가 신랑의 '이름' 을 찬미한다는 것은 신랑에게 '존경' 을 표한다는 뜻이며, 더 나아가 다른 사람들에게 자신의 신랑에 대해 '자랑' 한다는 의미이다.

4. 위 시에서 신부는 신랑에게 자신을 그의 침실로 데려가주기를 요청하고 있다. 다시 말해서, 신부가 신랑과의 육체적 친밀함을 주도하고 있다(4절). 당신은 부부사이에서 이렇게 여성이 관계를 주장하고 이끌어가는 것이 적절한 일이라고 생각하는가?

왜 인가 혹은 왜 아닌가?

5. 위 시의 4절 후반부에는 신랑과 신부의 연합을 인정하는 젊은 처자들의 합창이 울려퍼진다. 그런데 이 처녀들은 누구인가?

6. 왜 신랑은 신부가 자신을 어디에서 찾을 수 있는지를 묻고 있는 질문에 직접적으로 대답해주고 있지 않은가?(7-8절)

왜 대답해주지 않는 것일까?

아가서 1장은 신부와 목동으로 묘사되어지고 있는 신랑이 서로를 애태우게 만드는 노래들로 시작되고 있다. 신부는 신랑과 함께 있기를 원하여 점심 휴식 시간 동안의 비밀 데이트를 제안하고 있다. 신랑은 목동으로서 흔히 사람들로부터 멀리 떨어져 있곤 했을 것이며, 신랑이 머물고 있는 들판은 둘만을 위한 친밀한 공간으로서는 최적의 장소였을 것이다.

계속해서 신부는 신랑이 어디에 있을 것인지를 알려줄 것을 요청하고 있다. 신랑을 찾아 다른 목동들의 텐트를 이곳저곳 기웃거리지 않도록 말이다. 만약 그녀가 그런 식으로 들판을 헤매고 돌아다닌다면, 필시 목동들이나 다른 사람들이 자신을 몸을 팔러 다니는 그런 부정한 여자들 중의 하나로 오해할지도 모를 일이기 때문이었다.

7. 신부는 자신의 아름다움을 더욱 돋보이게 하기 위해 보석 장신구를 착용하고 있다(10-11절). 당신은 이것을 어떻게 생각하는가? 괜찮다고 여겨지는가? 왜 인가 혹은 왜 아닌가?

▶ 부부 코너

당신은 당신의 외모에 신경을 쓰는가? 또 당신의 배우자의 외모에 대해서는 어떠한가? 왜 인가 혹은 왜 아닌가?

당신의 아내나 남편의 매력을 증진시키기 위해 당신이 할 수 있는 혹은 해야만 하는 일은 무엇인가?

무엇이 당신으로 하여금 배우자와의 육체적인 친밀함을 열망하도록 만드는지에 대해 서로 이야기 나눠보라.

남성과 여성은 흔히 육체적인 열정을 향해 가는 방식에 있어서 서로 다르기 때문에 소극적이거나 방어적이 되지 않도록 노력하라.

돌을 던져버릴 때와 거둬들일 때

전도서 3:1-8은 천하만사에 알맞은 때를 만들어두신 하나님에 관한 인상적인 시이자 말씀이다. 위 말씀은 서로 반대되는 어구를 짝들로 하는 구조로 되어있다. 예를 들어, 2절의 말씀은 '날 때와 죽을 때' 를 '심을 때와 뽑을 때' 와 짝을 짓고 있다. 식물에게 있어서 '심을 때와 뽑을 때' 는 곧 '날 때와 죽을 때' 인 것이다.

위 말씀의 이러한 구조는 '안을 때와 안는 일을 멀리 할 때' 와 짝을 이루고 있는 '돌을 던져버릴 때와 돌을 거둘 때' 의 의미를 이해할 수 있도록 도움을 준다. 고대 유대인들의 미드라쉬(Midrash, 일종의 성경주석서) 또한 다음과 같이 말함으로써 이 두 대조 어구 사이의 연관성을 제시하고 있다. "돌을 던져버릴 때는 너의 아내가 정결할 때이다(월경기간이 아닐 때). 그리고 돌을 거둘 때는 너의 아내가 부정할 때이다(월경기간일 때)." 여기서 랍비들이 주장하고 있는 바는 부부가 육체적인 결합을 시도해도 좋을 때와 그렇지 못할 때가 있다는 사실을 사람들이 인식해야만 한다는 것이다.

▶ 보너스

전도서 3장 1절과 5절을 읽어보라.

"범사에 기한이 있고 천하 만사가 다 때가 있나니…… 돌을 던져 버릴 때가 있고 돌을 거둘 때가 있으며 안을 때가 있고 안는 일을 멀리 할 때가 있으며." (전 3:1,5)

위 말씀은 하나님께서 만사에 적당한 때를 만들어두셨다는 사실을 가르쳐주고 있다. 5절의 말씀을 부부간의 성에 적용을 시켜볼 때, 언제가 적합한 때인지를 어떻게 알 수 있는가?

본격 탐구 노트

Study 3. 열정적으로 사랑하라 <아 1:2-4, 1:7-17>

목적: 부부가 서로를 육체적 친밀함 속으로 이끌기 위한 시간을 어떻게 만들 수 있는지에 대해 배우고자 함.

질문 1. 신부는 입맞춤을 통해서 신랑을 '만지며', '맛보기'를 열망한다. 그녀는 신랑의 향기로운 내음을 '냄새 맡고' 싶어 한다. 또한 신랑의 이름이 사람들에 의해 불려지는 것을 '듣기' 원한다. 이런 감각들을 통한 느낌은 그녀로 하여금 친밀함을 위하여 신랑과 함께 침실로 가기를 갈망하도록 이끈다. 그리고 이와 동일한 방식으로, 우리 부부들 또한 '오감(五感)'을 자극하는 준비과정을 통하여 육체적인 친밀함에 대한 열망을 일깨울 수가 있을 것이다.

질문 2. 포도주는 많은 사람들에게 강하고 유쾌한 뒷맛을 남기는 음료이다. 그것은 또한 사랑하는 사람과의 입맞춤이 주는 것과 비슷한 '몽롱함'을 선사하기도 한다. 하지만 실제적인 사랑의 '황홀함'에는 비할 바가 못 될 것이다. 사실 아가서는 이곳저곳에서 사랑의 '도취 효과'에 대해 언급하고 있다.

질문 3. '명성'이란 그 사람의 '이름'이며, 그 사람의 '인격'이다. 따라서 '명성' 있는 남편은 자신의 아내를 사랑하고 존중하며 존경할 것이고, '명성' 있는 아내 역시 자신의 남편을 사랑하고 존중하며 존경할 것이다. 그리고 이런 부부가 육체적으로도 서로 친밀한 관계를 유지하는 일은 그렇지 않은 부부보다 훨씬 더 쉬울 것이다.

질문 4. 부부사이에서 여성이 육체적 친밀함을 주도하는 행위가 부적절한 것이라고 혹 당신이 생각하고 있다면, 위 구절은 이해하기가 어려울 것이다. 특히 그리스도인들 가운데 그런 부분에 있어서의 고정관념들은 아내들로 하여금 남편과의 육체적인 결합에 대한 열망을 표현하는 일을 좌절시킬 수 있다. 하지만 성경 그 어디에도 아내든 남편이든 그 어느 한쪽이 먼저 부부간의 육체적인 연합을 주도할 수 있다는 생각에 이의를 제기하는 그런 말씀은 없다.

질문 5. 아가서가 일종의 '시'임을 기억할 필요가 있다. 아가서에 나오는 '합창단'은 어떤 특정하고 구체적인 집단의 여성들을 상징하고 있는 것은 아니다. 그들은 단지 아가서 내에서 여러 목적들을 수행하고 있는 그룹이다. 그리고 4절 후반부에서의 그들의 역할은 신랑과 신부와의 관계를 공식적으로 인정하고 승인해주는 것이다.

질문 6. 위 시는 육체의 흥분감을 고조시키기 위한 일종의 '애태우기용' 으로서의 기능을 하고 있다. 방해물들에도 불구하고 신랑과 함께 있고자 하는 신부의 결연한 의지는 신랑과 하나 되고자 하는 그녀의 멈출 수 없는 열망을 드러내 보여준다. 그리고 신랑은 그런 신부를 애태우게 만든다. 그렇게 함으로써 신랑은 신부에게 '길게 늘어진 양떼들의 행렬' 과 '목동들의 장막' 이 있는 '목가적인 풍경들' 을 묘사해줄 기회를 얻고 있다. 그리고 물론 그러한 풍경들은 '연애시' 라고 하는 관점에서 보았을 때, 특히나 도시와는 대조가 되는 '아름답고 낭만적인 배경' 일 수밖에는 없다.

질문 7. 어떤 그리스도인들은 보석 장신구들을 무조건 허세를 부리는 것이거나 사람을 현혹시키는 것들로 생각하기도 한다. 그러나 아가서에서는 흔한 경우, 신부의 아름다움이 그런 장신구들에 의해 더욱 빛을 발하는 것으로 묘사되고 있다. 그녀는 흔히 감각을 자극하는 향수를 뿌리거나 매혹적인 의상을 입은 모습으로 나타난다. 물론 성경은 그러한 몸가짐이 남편이나 아내가 아닌 다른 이성을 유혹하기 위한 것일 경우, 그것을 죄로 간주하며 그 결과를 사망이라고 엄중히 경고하고 있다(잠 7:13-27). 그러나 결혼한 부부 사이에서는 전혀 문제될 것이 없다.

하지만 외적인 아름다움은 오래가지 못한다. 따라서 부부관계는 좀 더 영원성이 있는 것 위에 세워져야만 한다. 그러나 물론 육체적인 아름다움을 영적인 것이 아니라고 해서 무시하거나 경멸해서도 안 될 것이며, 또 신앙을 자신의 외모를 돌보지 않는 구실로 앞세워서도 안 될 것이다. 육체미로써 외간 남자나 여자를 유혹하는 일은 명백한 죄이지만, 자신의 배우자를 '유혹' 하기 위해 노력하는 일은 합당한 일이기 때문이다.

보너스 질문. 물론 언제가 적합한 때인지를 완벽하게 안다는 것은 불가능하다. 그러나 자기 자신과 배우자에게 좀 더 관심과 주의를 기울임으로써 조금씩 가능해질 수 있다. 부부간의 육체적인 친밀함에 도움이 되는 순간들과 방해가 되는 경우들을 인지하는 것이 중요하다. 또한 서로 간의 깊은 사랑 속으로 부부를 이끌어주는 '칭찬의 말' 이나 '선물', '서로의 일을 도와주기', 때론 '일정기간 홀로 있기' 등과 같은 수단들을 계발해보는 것도 유용할 것이다.

4

모욕감과 수치심을 떨쳐버리라

OVERCOMING CONTEMPT AND SHAME

"저는 제 몸이 역겨워 참을 수가 없어요. 제 자신이 이토록 매력 없이 느껴지는데, 어떻게 남편 앞에서 매혹적으로 행동할 수 있겠어요?"

"아내와 관계를 가질 때마다, 제가 그리스도인이 되고 결혼하기 이전에 사귀었던 여자들이 자꾸만 떠올라요. 이제는 아내와의 성조차도 더럽게 느껴져요."

"저는 다른 여자를 상상하지 않고서는 육체적으로 흥분이 되지가 않아요. 아내는 잡지에 나오는 매력적인 여자들하고는 정말이지 전혀 딴판이에요."

"저는 상처입는 게 정말 싫어요. 육체적으로나 정신적으로요. 다시는 상처받고 싶지 않아요."

▶ 여는 말

모든 부부들은 부부간의 친밀함을 저해하는 방해요소들과 전쟁을 치른다. 부부들이 흔히 직면하는 방해물들에는 어떤 것들이 있는가?

▶ 본격 탐구

이번 장에서는 부부간의 친밀함을 방해하는 장애물들에 대해 살펴보고자 한다. 그 문제들을 극복하는 일에 지혜를 제시하고 있는 몇몇 성경의 말씀들도 함께 탐구할 것이다.

성경 읽기 1. 〈창 2:25-3:17〉

2 25 아담과 그의 아내 두 사람이 벌거벗었으나 부끄러워하지 아니하니라

3 1 그런데 뱀은 여호와 하나님이 지으신 들짐승 중에 가장 간교하니라 뱀이 여자에게 물어
이르되 하나님이 참으로 너희에게 동산 모든 나무의 열매를 먹지 말라 하시더냐

2 여자가 뱀에게 말하되 동산 나무의 열매를 우리가 먹을 수 있으나

3 동산 중앙에 있는 나무의 열매는 하나님의 말씀에 너희는 먹지도 말고 만지지도 말라 너희
가 죽을까 하노라 하셨느니라

4 뱀이 여자에게 이르되 너희가 결코 죽지 아니하리라

5 너희가 그것을 먹는 날에는 너희 눈이 밝아져 하나님과 같이 되어 선악을 알 줄 하나님이 아
심이니라

6 여자가 그 나무를 본즉 먹음직도 하고 보암직도 하고 지혜롭게 할 만큼 탐스럽기도 한 나무
인지라 여자가 그 열매를 따먹고 자기와 함께 있는 남편에게도 주매 그도 먹은지라

7 이에 그들의 눈이 밝아져 자기들이 벗은 줄을 알고 무화과나무 잎을 엮어 치마로 삼았더라

8 그들이 그 날 바람이 불 때 동산에 거니시는 여호와 하나님의 소리를 듣고 아담과 그의 아내
가 여호와 하나님의 낯을 피하여 동산 나무 사이에 숨은지라

9 여호와 하나님이 아담을 부르시며 그에게 이르시되 네가 어디 있느냐

10 이르되 내가 동산에서 하나님의 소리를 듣고 내가 벗었으므로 두려워하여 숨었나이다

11 이르시되 누가 너의 벗었음을 네게 알렸느냐 내가 네게 먹지 말라 명한 그 나무 열매를 네
가 먹었느냐

12 아담이 이르되 하나님이 주셔서 나와 함께 있게 하신 여자 그가 그 나무 열매를 내게 주므
로 내가 먹었나이다

13 여호와 하나님이 여자에게 이르시되 네가 어찌하여 이렇게 하였느냐 여자가 이르되 뱀이
나를 꾀므로 내가 먹었나이다

14 여호와 하나님이 뱀에게 이르시되 네가 이렇게 하였으니 네가 모든 가축과 들의 모든 짐승
보다 더욱 저주를 받아 배로 다니고 살아 있는 동안 흙을 먹을지니라

15 내가 너로 여자와 원수가 되게 하고 네 후손도 여자의 후손과 원수가 되게 하리니 여자의
후손은 네 머리를 상하게 할 것이요 너는 그의 발꿈치를 상하게 할 것이니라 하시고

16 또 여자에게 이르시되 내가 네게 임신하는 고통을 크게 더하리니 네가 수고하고 자식을 낳
을 것이며 너는 남편을 원하고(사모하고) 남편은 너를 다스릴 것이니라 하시고

17 아담에게 이르시되 네가 네 아내의 말을 듣고 내가 네게 먹지 말라 한 나무의 열매를 먹었
은즉 땅은 너로 말미암아 저주를 받고 너는 네 평생에 수고하여야 그 소산을 먹으리라

1. 위 '인류 타락' 의 이야기가 정말로 당신에게 사실로서 다가오는가? 왜 인가 혹은 왜 아닌가?

2. 왜 그리고 어떻게 남편과 아내는 서로를 지배하기 위해 애쓰는가?

하와의 '사모함(desire)' ?

창세기 3:16에 나오는 하와의 '원함(사모함, desire)' 은 흔히 그 의미가 오해되어질 수 있다. 보통, 성경 독자들은 이 '사모함' 을 긍정적인 뜻으로 받아들인다. 다시 말해, 하와가 남편인 아담과의 친밀한 관계를 바라는 '낭만적인 소원' 으로 이해한다는 것이다. 그리고 그에 대한 저주로서 남편인 아담은 '지배' 와 '다스림' 으로써 반응하는 것으로 생각한다.

그러나 창세기 3:16의 '원함(사모함, desire)' 이라고 번역된 원문 히브리어 단어는 성경에 딱 두 번 나온다. 한번은 바로 창 3:16이고, 나머지 또 한번은 창 4:7로서, 동생 아벨로 인하여 분노하고 있는 가인에게 주신 하나님의 경고의 말씀인 "죄의 소원은 네게 있으나, 너는 죄를 다스릴지니라." 에서 이다. 이렇게 볼 때, 창 3:16의 하와의 '원함(사모함, desire)' 은 남편을 향한 '로맨틱한 그런 사모함' 이 아니라, 남편 아담을 '지배하고자 하는 소원' 인 것이다. 그 이후로 이 땅의 모든 부부들은 '주도권 싸움' 의 구조 속으로 돌입하게 되었고, 그 싸움은 대개 남자가 이기는 쪽으로 진행되어져오고 있다.

3. 부부사이의 '주도권 싸움' 은 부부관계의 친밀함에 어떤 영향을 미치는가?

4. 위 문제에 대한 해결책은 무엇인가?

성경 읽기 2. 〈삼하 6:14-16, 20-23〉

- [14] 다윗이 여호와 앞에서 힘을 다하여 춤을 추는데 그 때에 다윗이 베 에봇을 입었더라 [15] 다
 윗과 온 이스라엘 족속이 즐거이 환호하며 나팔을 불고 여호와의 궤를 메어오니라 [16] 여호
 와의 궤가 다윗 성으로 들어올 때에 사울의 딸 미갈이 창으로 내다보다가 다윗 왕이 여호
 와 앞에서 뛰놀며 춤추는 것을 보고 심중에 그를 업신여기니라……
- [20] 다윗이 자기의 가족에게 축복하러 돌아오매 사울의 딸 미갈이 나와서 다윗을 맞으며 이
 르되 이스라엘 왕이 오늘 어떻게 영화로우신지 방탕한 자가 염치 없이 자기의 몸을 드러
 내는 것처럼 오늘 그의 신복의 계집종의 눈앞에서 몸을 드러내셨도다 하니 [21] 다윗이 미갈
 에게 이르되 이는 여호와 앞에서 한 것이니라 그가 네 아버지와 그의 온 집을 버리시고 나
 를 택하사 나를 여호와의 백성 이스라엘의 주권자로 삼으셨으니 내가 여호와 앞에서 뛰놀
 리라 [22] 내가 이보다 더 낮아져서 스스로 천하게 보일지라도 네가 말한바 계집종에게는 내
 가 높임을 받으리라 한지라 [23] 그러므로 사울의 딸 미갈이 죽는 날까지 그에게 자식이 없
 으니라

5. 다윗의 춤에 대한 아내 미갈의 반응은 어떤 것이었는가? 그녀가 화를 낼만한 이유가 있었는가?

6. 다윗은 어떤가? 그는 아내 미갈의 비판에 지혜롭게 반응하였는가?

되찾은 언약궤

언약궤는 출애굽기 25:10-22에 묘사되어있는 대로, 비교적 단순한 모양으로 설계되어져 있었다. 그것은 길이가 약 1.2미터 정도이고, 높이와 너비는 각각 약 0.7미터 정도 되는 그리 크지 않은 상자 모양이었다. 고리들이 두 개씩 양 측면에 붙어있었고, 긴 장대 모양의 채를 그 고리들에 꿰어 어깨에 메고 운반하도록 되어있었다. 언약궤는 아카시아 나무로 만들어졌으며, 그 안과 밖은 정금으로 입혀져 있었다. 하지만 정말로 중요한 것은 이 언약궤가 지니고 있는 의미였다. 그것은 구약 시대 내내 이스라엘 백성들에게 있어서 하나님의 임재의 강력한 상징이었다. 실제로 언약궤는 하나님의 보좌의 발등상으로 이해가 되고 있었고(대상 28:2), 때로는 하나님의 보좌 자체로까지 여겨지기도 하였다(렘 3:16-17).

따라서 사무엘하 6장 속의 순간은 의미심장한 상황이 아닐 수 없었다. 다윗 왕은 최근에 여부스 족속으로부터 예루살렘을 점령하고 그곳을 자신의 왕국의 수도로 삼아놓고 있었다. 그리고 그 이전 엘리 제사장 시대에 블레셋에게 빼앗겼다가 다시 돌아온 언약궤는 지금 그 순간까지 기럇여아림이라는 작은 동네에 수십 년 동안을 머물러 있었다. 그런 언약궤가 바로 지금 다윗 왕국의 새로운 수도로 옮겨져 오고 있는 것이었다. 그리고 그 사실에 다윗은 말할 수 없는 기쁨으로 반응하고 있었던 것이다.

7. 위 사무엘하 6장은 원래 결혼제도에 관한 교훈을 주기 위한 말씀은 아니다. 본래는 다른 중요한 정치적이고 신학적인 문제를 다루고 있는 본문이다. 그러나 위 말씀 속에 나오는 다윗에 대한 아내 미갈의 반응은 부부관계에서 흔히 볼 수 있는 갈등구조를 반영해주고 있다. 본문의 신학적이고 정치적인 관점은 제쳐놓고라도, 당신 자신을 미갈이라고 한번 생각해보라. 미갈은 자신의 남편이 자신을 부끄럽게 만드는 한 행동을 막 목격했다. 하지만 그녀는 어떻게 반응했어야 했는가?

이번에는 다윗의 입장에서 생각해보라. 그는 또 어떻게 반응했어야 했는가?

8. 위 본문은 '분노' 와 '경멸' 이 부부관계에 미치는 신랄한 영향을 어떻게 조명해주고 있는가?

▶ 부부 코너

배우자의 말이나 행동에 의해 당신이 수치감을 느꼈던 때를 회상해보라. 그 당시 당신은 그 일에 대하여 남편이나 아내에게 이야기를 할 수 있었는가?

배우자에 의해 부끄러움을 느꼈던 경험이 아직도 앙금으로 남아있다면, 기도하는 마음으로 그 일에 대해 서로 허심탄회하게 이야기 해보라. 필요하다면, 그 일에 대해 서로 설명도 하고, 사과도 하고, 용서도 행하라.

부부간의 화합을 위해, 당신이 아내나 남편을 존중한다는 뜻을 나타내 보일 수 있는 어떤 상징적인 말이나 행동들이 있는가?

▶ 보너스

우리는 '약함' 하게 되면, 흔히 다른 사람들로부터의 '모욕' 과 우리 자신 속에서 솟아나는 '수치심' 을 떠올리게 된다. 그러나 고린도후서 12:9-10은 우리의 약함에 대하여 무어라고 말씀하는가?

> "나에게 이르시기를 내 은혜가 네게 족하도다 이는 내 능력이 약한 데서 온전하여짐이라 하신지라 그러므로 도리어 크게 기뻐함으로 나의 여러 약한 것들에 대하여 자랑하리니 이는 그리스도의 능력이 내게 머물게 하려 함이라 그러므로 내가 그리스도를 위하여 약한 것들과 능욕과 궁핍과 박해와 곤고를 기뻐하노니 이는 내가 약한 그 때에 강함이라." (고후 12:9-10)

우리의 약점은 우리를 무기력하게만 만드는가? 왜 인가 혹은 왜 아닌가?

본격 탐구 노트

Study 4. 모욕감과 수치심을 떨쳐버리라 <창 2:25-3:17> <삼하 6:14-16, 20-23>

목적: 부정적인 과거의 경험들이 부부관계에 어떤 영향을 가져오며, 또 어떻게 그런 악영향들을 뛰어넘어 성장해갈 수 있는지에 대해 배우고자 함.

질문 1. 정도의 차이는 있을 수 있겠지만, 모든 인간관계는 '주도권 싸움' 으로 특징지어질 수 있다. 남편과 아내 역시 상대 배우자를 장악함으로써 자신의 인생을 자기의 뜻대로 통제해나가고자 한다. 이런 '인류 타락' 의 한 결과는 '공격적인 아내' 나 아내를 조종하려는 '교묘한 남편' 의 모습 속에서 명백하게 드러난다.

질문 2. 결국 타락한 인간 각자가 추구하는 바는 각각 자기 마음대로 하고자 하는 것이다. 그런데 부부사이에 종종 어느 한쪽이 자신의 생각이 옳고 도움이 된다는 믿음 하에서 다른 한쪽을 통제하려고 애를 쓴다. 그 한쪽은 자신이 문제를 피하는 길을 알고 있다고 확신하기에 상대 배우자가 자신이 말하는 대로 행동할 것을 주장한다.

질문 3. 물론 그런 '세력 다툼' 은 부부간의 친밀함에 상처를 입힌다. 부부가 서로를 장악하고자 하는 지배욕구는 서로를 멀어지게 할 뿐이다. 결코 남편과 아내가 서로를 향하도록 해주지 못한다.

질문 4. 앞으로 계속해서 더 살펴보겠지만, 위 문제에 대한 해결책은 부부가 서로를 지배하고자 하는 환상을 포기하고, '상호 복종' , '죄의 고백' 과 '용서' , '화해' 라는 삶의 태도를 기꺼이 수용하는 것이다.

질문 5. 미갈은 언약궤 앞에서 무아지경의 춤을 추고 있는 자신의 남편에 대해서 분노와 혐오감을 가지고서 반응했다. 표면적으로 보면, 신복들의 계집종들 앞에서 거의 맨살을 다 드러낸 채로 펄쩍펄쩍 뛰며 춤을 춘 남편의 체통 없음에 화를 내고 있는 미갈의 행동이 타당한 것이라고 생각을 할 수도 있다. 그러나 성경 기자는 하나님의 언약궤, 즉 하나님을 즐거워하며, 그분 앞에서 부끄러운 줄도 모른 채 뛰놀았던 다윗의 행동을 긍정적으로 평가하며 그의 편을 들어주고 있다.

오히려 그들 부부간의 싸움에서 부정적인 결과를 거두게 된 사람은 미갈이었다(23절). 그녀가 "다윗의 아내"라는 표현보다는 "사울의 딸"로서 묘사되고 있다는 사실은(16절, 20절) 다음과 같은 내용에 대한 명백한 암시이다. 미갈이 화를 낸 진짜 이유는 그녀가 자신의 아버지 사울 왕을 지지하고 새로운 왕 다윗을 거부하는 사울 왕의 잔존세력의 '대표격' 이었기 때문이라는 것이다.

질문 6. 아내 미갈을 향한 다윗의 반응은 분명히 이들 부부사이의 긴장을 고조시켰다. 그는 기본적으로 미갈의 경멸에 대해 개의치 않는다고 말하며, 자신의 신복들의 계집종들은 자신을 높일 것이라는 사실로 위로를 받고 있다.

다윗과 미갈은 부부들이 어떤 식으로 서로에게 반응해서는 안 되는지에 대한 예를 보여주고 있다. 그들은 자신들의 분노와 경멸감으로 서로로부터 서로의 마음을 멀어져가게 하고 있다. 그들은 새로운 사랑의 관계를 엮어가기 위해, 자신들이 맺고 있었던 과거의 사랑의 관계들을 떠나지 않고 있었다. 미갈은 아직도 자신의 아버지 사울 왕에 대한 애착을 버리지 못하고 있었으며, 다윗 또한 다른 여인들(계집종들)의 높임의 대상이 되는 일을 포기하지 못했다. 그럼에도 불구하고, 성경 기자가 다윗의 편을 들어주고 있는 것은 위 본문이 원래 부부관계에 관한 내용이 아니라 신학과 정치에 관한 것이기 때문이라는 사실을 다시 기억할 필요가 있다. 다윗은 하나님을 향한 순수한 열정을 표현했다는 관점에서, 그리고 미갈은 자신의 아버지 사울 왕의 무너진 왕권을 대표할 수 있는 인물이라는 관점에서 각각 긍정적으로 또는 부정적으로 평가 되고 있다는 것이다.

질문 7. 미갈은 남편 다윗을 서둘러 공격하는 대신에 또 다윗은 아내 미갈에게 성급히 방어적이 되기보다는 서로 그 상황에 대하여 대화를 나눴어야만 했다. 다윗이 몸이 드러나도록 춤을 춘 행동은 올바른 정황 속에서 이해되어져야 한다. 사람들 앞에서의 그의 그런 행위는 다른 여성들을 성적으로 자극하기 위한 것이 아니었다. 그것은 하나님을 즐거워하고 기뻐하는 행위였었다. 미갈은 그런 자신의 남편과 함께 즐거워해야만 했다. 그리고 다윗 역시 자신의 행동이 왜 부끄러운 것이 아니었는지를 그녀가 이해할 수 있도록 배려심있게 도왔어야만 했다.

질문 8. '분노' 나 '경멸감' 과 같은 감정들은 부부사이를 갈라놓을 뿐, 결코 하나 되도록 해주지 못한다.

부부 코너 질문. 기억할 것은 '수치감' 들은 흔히 우리의 지난 과거의 경험들에 깊이 뿌리를 두고 있는 경우들이 많다는 사실이다. 그리고 그 수치심들은 그 자체로는 전혀 악의가 없는 배우자의 말이나 행동에 의해서도 촉발될 수 있는 일이 가능하다는 것이다. 다시 말해서, 내가 느끼는 수치감들이 반드시 내 배우자의 잘못 때문만은 아닐 수 있다는 것이다.

부부가 서로에 대한 존중심을 나타내 보일 수 있는 상징적인 행위는 그것이 상대방에 대한 오해나 최초의 잘못과 연결되어 있을 때 가장 효과가 크다. 예를 들면, 남편이 아내의 외모에 대해 깊은 수치감을 불러일으킬 수 있는 언사를 사용했을 경우에, 남편은 아내를 위해 시간을 들여 꽃다발을 하나 준비하고 그 꽃들이 남편 자신에게 그녀의 특별한 매력을 어떻게 상기시켜주는지를 고백하는 식이다.

5

깨어진 신뢰심을 회복하라

RESTORING BROKEN TRUST

"저는 남편을 참 많이 고생시킨 것 같아요. 어떻게 하면 남편에게 보상을 해줄 수 있을까요?"

"저는 제 마음을 사람들에게 열어놓았다가 너무 많은 상처를 받았어요. 이제는 절대로 사람들에게 가까이 다가가지 않을 거에요."

"아내는 저와의 육체적인 관계를 너무나 자주 거절해요. 그래서 지금은 거의 포기 상태에요. 거절당하는 상처가 너무 커서 이제는 아내 곁에 가는 것 자체가 두려워요."

▶ 여는 말

'두려움' 은 관계를 멀어지게 한다. 그것은 우리로 하여금 상처받는 일을 피해 다른 사람들로부터 우리 자신을 숨기도록 만든다. 어떤 의미에서, '두려움' 은 '분노' 의 반의어이다. 자신이 공격당했다고 느낄 때, 우리는 분노하여 반격하거나 또는 상처에 대한 두려움으로 인해 움츠려들거나, 둘 중 하나이기 때문이다.

'두려움' 이 사람 사이를 갈라놓는 것이라면, 그것은 명백히 '친밀함' 에 대적하는 요소이다. '두려움' 은 부부관계의 원수이다. 그렇다면, 이 '두려움' 을 어떻게 해야 하는가?

▶ 본격 탐구

시편 55편은 그 제목에서도 볼 수 있듯이 다윗의 시이다. 그리고 그 내용은 다윗 자신의 삶의 형편으로부터 우러나온 것이 틀림없다. 그러나 모든 시편은 각각 그 기자들의 인생의 특정한 사건들로부터 비롯된 것들이긴 하지만, 우리 삶의 비슷한 상황들에도 적용되어질 수 있는 방식으로 기록이 되어졌다. 다윗은 이 시를 우리가 두려움을 가지고서 그의 고뇌를 기억하라고 쓴 것이 아니다. 그는 다른 사람들이 각각 자신들의 고통스런 인생 형편 속에서도 사용할 수 있는 기도문의 한 예를 확보할 수 있도록 이 시편을 기록한 것이다.

성경 읽기 〈시편 55〉 : 다윗의 마스길, 인도자를 따라 현악에 맞춘 노래

1 하나님이여 내 기도에 귀를 기울이시고 내가 간구할 때에 숨지 마소서

2 내게 굽히사 응답하소서 내가 근심으로 편하지 못하여 탄식하오니

3 이는 원수의 소리와 악인의 압제 때문이라 그들이 죄악을 내게 더하며 노하여 나를 핍박하나이다

4 내 마음이 내 속에서 심히 아파하며 사망의 위험이 내게 이르렀도다

5 두려움과 떨림이 내게 이르고 공포가 나를 덮었도다

6 나는 말하기를 만일 내게 비둘기 같이 날개가 있다면 날아가서 편히 쉬리로다

7 내가 멀리 날아가서 광야에 머무르리로다(셀라)

8 내가 나의 피난처로 속히 가서 폭풍과 광풍을 피하리라 하였도다

9 내가 성내에서 강포와 분쟁을 보았사오니 주여 그들을 멸하소서 그들의 혀를 잘라 버리소서

10 그들이 주야로 성벽 위에 두루 다니니 성 중에는 죄악과 재난이 있으며

11 악독이 그 중에 있고 압박과 속임수가 그 거리를 떠나지 아니하도다

12 나를 책망하는 자는 원수가 아니라 원수일진대 내가 참았으리라 나를 대하여 자기를 높이는 자는 나를 미워하는 자가 아니라 미워하는 자일진대 내가 그를 피하여 숨었으리라

13 그는 곧 너로다 나의 동료, 나의 친구요 나의 가까운 친우로다

14 우리가 같이 재미있게 의논하며 무리와 함께 하여 하나님의 집 안에서 다녔도다

15 사망이 갑자기 그들에게 임하여 산 채로 스올에 내려갈지어다 이는 악독이 그들의 거처에 있고 그들 가운데에 있음이로다

16 나는 하나님께 부르짖으리니 여호와께서 나를 구원하시리로다

17 저녁과 아침과 정오에 내가 근심하여 탄식하리니 여호와께서 내 소리를 들으시리로다

18 나를 대적하는 자 많더니 나를 치는 전쟁에서 그가 내 생명을 구원하사 평안하게 하셨도다

[19] 옛부터 계시는 하나님이 들으시고 그들을 낮추시리이다(셀라) 그들은 변하지 아니하며 하나님을 경외하지 아니함이니이다

[20] 그는 손을 들어 자기와 화목한 자를 치고 그의 언약을 배반하였도다

[21] 그의 입은 우유 기름보다 미끄러우나 그의 마음은 전쟁이요 그의 말은 기름보다 유하나 실상은 뽑힌 칼이로다

[22] 네 짐을 여호와께 맡기라 그가 너를 붙드시고 의인의 요동함을 영원히 허락하지 아니하시리로다

[23] 하나님이여 주께서 그들로 파멸의 웅덩이에 빠지게 하시리이다 피를 흘리게 하며 속이는 자들은 그들의 날의 반도 살지 못할 것이나 나는 주를 의지하리이다

1. 다윗은 5절에서 "두려움과 떨림이 내게 이르고 공포가 나를 덮었도다." 라고 말하고 있다. 지금 무엇이 그를 두렵고 떨리게 만들고 있는가?

2. 다윗이 지금 누구를 가장 위협적인 존재로 느끼고 있는지를 주목해보라. 이런 상황에서 특히 어떤 점이 다윗을 더욱 힘들게 하고 있는가?

3. 분명히 다윗은 친했던 친구의 공격에 흔들리고 있다. 하지만 결국 그는 어떻게 대응하고 있는가?

4. 당신은 친한 친구나, 더 가까운 당신의 배우자로부터 공격을 당했다고 느낄 때, 어떻게 반응하는가?

'두려움' 과 그 '형제들'

시편 55편은 시인으로 하여금 도시를 떠나고 싶어 하게 만들며, 동시에 하나님께 자신을 괴롭히는 자들을 제거해주시기를 요청하도록 만들 만큼의 '극단적인 두려움' 을 표현하고 있다. 그러나 그런 '극도의 공포심' 은 덜 극단적인 형태의 또 다른 두려움들인 '걱정' 이나 '불안감' 과도 관계가 있다. 하지만 '걱정' 이나 '불안감' 의 영향력 역시, 그 압박의 정도에 있어서는 약간 덜 하긴 하겠지만, 우리가 위 시편에서 보게 되는 '두려움' 의 영향력과 거의 동일하다.

5. 사랑하는 사람의 배신은 특히 어떤 점에서 통렬한가?

당신은 과거 어떤 배신당함의 경험을 가지고 있는가?

6. 배우자의 비난이나 폭력으로 인해 그에 대한 신뢰가 깨어졌을 때, 부부관계에 어떤 일이 발생하는가?

7. 어떻게 부부는 서로 간에 '무방비 상태' 를 유지하면서도 동시에 상처에 대한 '두려움' 을 피할 수 있는가?

8. 남편이나 아내 중 어느 한쪽이 부부관계에 있어서 두려움이나 불안감을 느낄 때, 어떻게 하면 좋은가?

▶ 부부 코너

부부 사이에 아내나 남편에게 자기 자신을 노출하는 일이 두려운 영역들에 대해서 각자 생각해보라. 그리고 왜 그런 두려움을 느끼고 있는지 자문해보라. 가능하다면, 그 문제를 부부가 함께 이야기해보라.

▶ 보너스

사사기 16:4-22을 읽어보라.

"이 후에 삼손이 소렉 골짜기의 들릴라라 이름하는 여인을 사랑하매…… 들릴라가 삼손에게 자기 무릎을 베고 자게하고 사람을 불러 그의 머리털 일곱 가닥을 밀고 괴롭게 하여 본즉 그의 힘이 없어졌더라…… 블레셋 사람들이 그를 붙잡아 그의 눈을 빼고 끌고 가사에 내려가 놋줄로 매고 그에게 옥에서 맷돌을 돌리게 하였더라." (삿 16:4,19,21)

좋은 부부관계에서는 '두려움' 이 관계에 부정적인 영향을 가져오지만, '두려움' 이 긍정적인 용도로 쓰이는 경우들도 있을 수 있는가?

본격 탐구 노트

Study 5. 깨어진 신뢰심을 회복하라 <시편 55>

목적: 부부관계에서 상처를 받게 될 때 느끼는 '두려움' 과 '불안감' 을 극복하는 법을 배우고자 함.

질문 1. 다윗을 두렵게 만들고 있는 것은 첫째로, 사람들의 '언어적인 폭력' 이다. 그는 사람들이 자신을 말로써 공격하며 괴롭힌다고 이야기하고 있다(3절). 둘째로는, '물리적인 폭력' 이다. 그는 악인들의 포악함과 싸움에 위협감을 느끼고 있다(9절).

질문 2. 다윗에게 지금 가장 끔찍하고 위협적인 사실은 가장 친한 친구에 의해 배신을 당했다는 것이다(12-14절). 우리는 그 구체적인 정황이나 그 친구가 누구인지에 대해 알지 못한다. 그러나 그런 것들은 별로 중요하지 않다. 결국 시편은 우리에게 역사적인 사실들을 기억하도록 하기 위해 쓰여진 것이 아니다. 시편의 기록 목적은 후세대의 하나님의 백성들이 그들 자신의 마음과 감정을 하나님 앞에 토로할 때에 사용할 수 있는 기도의 한 예를 제공해주는 것이기 때문이다.

질문 3. 처음에는 '충격' 과 '두려움' 그리고 '분노' 로써 반응한다. 하지만 다윗은 자신의 분노를 '기도' 로 바꾸어간다. 자신을 배신한 그 친구이자 원수를 하나님께서 대신 심판해주시기를 요청하는 기도로 말이다(9절). 그러다가 결국 다윗은 자신의 고통스런 감정들을 하나님을 신뢰하는 '믿음' 으로 승화시키고 있다(16절, 22-23절).

질문 4. 대부분의 사람들이 거의 동일한 감정의 과정들을 경험할 것이다. 누군가 절친했던 사람이 우리를 공격한다는 것은 생각만 해도 충격으로 다가온다. 나의 마음을 다 털어놓았기에 나의 약점들까지도 다 알고 있는 그 친구가 그것들을 무기삼아 나를 공격해오는데 어찌 충격이 아니겠는가? 우리는 무언가 전혀 예상치 않았던 그런 일들을 당하게 될 때, 대부분은 두려워하거나 분노할 수밖에 없게 된다.

질문 5. 사랑하는 이의 배신은 우리의 신뢰심에 큰 타격을 준다. 우리는 그 친구나 배우자와 마음을 터놓는 편안한 관계에 있었다. 그런데 그런 그가 우리를 공격한다. 그것도 우리가 가장 연약한 상태에 있는 그때에 말이다.

질문 6. 두려움은 부부사이를 움츠려들게 만든다. 우리는 배우자의 다음 공격으로부터 멀리 달아나기를 원하게 된다. 위험으로부터 벗어나고자 하는 것이다. 그리고 이러한 '도피' 는 단지 눈에 보이는 물리적인 형태로만 나타나는 것은 아니다. 보이지 않는 감정적인 형태로도 이루어지기 때문에 알아보기 힘든 경우들도 있다.

질문 7. 우선적으로, 남편과 아내 각자가 자신의 말과 행동이 상대 배우자에게 어떤 영향을 미치는지에 대해 인식하고 있는 일이 중요하다. 종종 우리는 자신도 모르는 사이에 서로에게 '불안감' 과 '도피 심리' 를 불러일으키게 될 상황들을 조성하는 경우들이 있기 때문이다. 둘째로, 서로의 걱정거리나 더 나쁜 상황을 유발할 수 있는 문제점들에 대해서까지도 솔직하게 이야기할 수 있을 정도의 부부간의 원활한 의사소통이 필수이다.

질문 8. 부부관계에 두려움과 불안감을 느끼고 있는 쪽이 그 문제를 상대 배우자에게 알릴 필요가 있다. 물론 서로에 대한 신뢰가 이미 깨어져있거나 어느 한쪽이 또다시 상처받는 일을 두려워하고 있다면, 사실상, 문제를 문제화하는 일이 어렵겠지만 말이다. 그러나 기억할 것은, 그 어떤 최악의 상황이라 할지라도, 시편 기자처럼 우리 부부 또한 우리의 불안과 두려움을 하나님께로 가지고 나아갈 수 있다는 사실이다.

보너스 질문. 부부관계에 잠재적인 위험요소가 내재하고 있는 경우에는, 그 사실에 '두려워하고' , 대비책을 강구하는 일이 중요하다. 삼손은 들릴라를 '두려워했어야만' 했다. 결국 그녀는 삼손을 속이고 그를 파멸시키는 일에 성공하였기 때문이다. 학대가 존재하는 부부관계에서는, 적절한 '두려움' 은 학대를 당하는 배우자로 하여금 외부의 도움을 요청하도록 만드는 동기가 되기도 한다.

6

실패한 사랑을 재건하라

LOVE'S FAILURE AND REDMPTION

"남편은 온통 성에 관한 생각뿐이에요. 아침마다 저에게 예고도 없이 덤벼들어요. 남편이 조금만 더 저를 사랑스럽게 대해준다면, 저도 남편과의 관계를 더 즐거워할 수 있을 것 같은데요……."

"저의 남편은 저에게 전혀 관심을 갖지 않아요. 아침에 일어나면 곧바로 출근하고, 집에 돌아오면 꼼짝도 안하고 TV 앞에만 붙어있어요. 부부간의 육체적인 친밀함이라고는 사실상 전무한 상태에요."

"성에 관한 한, 아내와 저는 핀트가 맞지를 않아요. 제가 원할 때는 아내가 너무 피곤하고, 아내가 원할 때는 또 제가 너무 바쁘고…… 참, 어렵네요."

"참 어렵기는 하지만, 저희 부부가 육체적인 연합을 갖는 순간은 정말이지 최고에요."

▶ 여는 말

결혼생활을 어느 정도 해본 부부들이라면 누구나 어느 순간 자신들이 성적으로 완전히 어긋나고 있다고 느꼈던 사실을 증언할 수 있을 것이다. 부부가 육체적인 친밀함을 누리는 일을 방해하는 요소들은 무엇인가?

▶ 본격 탐구

아가서 성경은 사랑을 노래하는 일에 있어서는 비현실적이리만큼 열정적이지만, 여전히 현실적인 책이다. 아가서는 부부들이 부부간의 연합을 방해하는 장애물들을 만나게 된다는 사실을 인정한다. 그러나 그것은 동시에 그 해결책 또한 제시하고 있다.

성경 읽기 〈아 5:2-6:3〉

신부

5 2 내가 잘지라도 마음은 깨었는데 나의 사랑하는 자의 소리가 들리는구나 문을 두드려 이르
기를 나의 누이, 나의 사랑, 나의 비둘기, 나의 완전한 자야 문을 열어 다오 내 머리에는 이슬
이, 내 머리털에는 밤이슬이 가득하였다 하는구나 3 내가 옷을 벗었으니 어찌 다시 입겠으며
내가 발을 씻었으니 어찌 다시 더럽히랴마는 4 내 사랑하는 자가 문틈으로 손을 들이밀매 내
마음이 움직여서 5 일어나 내 사랑하는 자를 위하여 문을 열 때 몰약이 내 손에서 몰약의 즙이
내 손가락에서 문빗장에 떨어지는구나 6 내가 내 사랑하는 자를 위하여 문을 열었으나 그는
벌써 물러갔네 그가 말할 때에 내 혼이 나갔구나 내가 그를 찾아도 못 만났고 불러도 응답이
없었노라 7 성 안을 순찰하는 자들이 나를 만나매 나를 쳐서 상하게 하였고 성벽을 파수하는
자들이 나의 겉옷을 벗겨 가졌도다 8 예루살렘 딸들아 너희에게 내가 부탁한다 너희가 내 사
랑하는 자를 만나거든 내가 사랑하므로 병이 났다고 하려무나

예루살렘 처녀들

9 여자들 가운데에 어여쁜 자야 너의 사랑하는 자가 남의 사랑하는 자보다 나은 것이 무엇인
가 너의 사랑하는 자가 남의 사랑하는 자보다 나은 것이 무엇이기에 이같이 우리에게 부탁하
는가

신부

10 내 사랑하는 자는 희고도 붉어 많은 사람 가운데에 뛰어나구나 11 머리는 순금 같고 머리털
은 고불고불하고 까마귀 같이 검구나 12 눈은 시냇가의 비둘기 같은데 우유로 씻은 듯하고 아
름답게도 박혔구나 13 뺨은 향기로운 꽃밭 같고 향기로운 풀언덕과도 같고 입술은 백합화 같
고 몰약의 즙이 뚝뚝 떨어지는구나 14 손은 황옥을 물린 황금 노리개 같고 몸은 아로새긴 상아
에 청옥을 입힌 듯하구나 15 다리는 순금 받침에 세운 화반석 기둥 같고 생김새는 레바논 같으
며 백향목 처럼 보기 좋고 16 입은 심히 달콤하니 그 전체가 사랑스럽구나 예루살렘 딸들아 이
는 내 사랑하는 자요 나의 친구로다

예루살렘 처녀들

6 1 여자들 가운데에서 어여쁜 자야 네 사랑하는 자가 어디로 갔는가 네 사랑하는 자가 어디

로 돌아갔는가 우리가 너와 함께 찾으리라

신부

2 내 사랑하는 자가 자기 동산으로 내려가 향기로운 꽃밭에 이르러서 동산 가운데에서 양 떼
를 먹이며 백합화를 꺾는구나 3 나는 내 사랑하는 자에게 속하였고 내 사랑하는 자는 내게 속
하였으며 그가 백합화 가운데에서 그 양 떼를 먹이는도다

1. 왜 신부는 신랑이 자신을 친밀함 속으로 초청하는데도 주저하고 있는가?(5:3)

2. 당신은 왜 신랑이 신부와 함께 있고자 하는 첫 번째 시도 후에 그냥 돌아갔다고 생각하는가?

시적 상상

아가서는 실제적인 사실을 묘사하고 있다기보다는, 독자들에게 감정을 불러일으키고 그들의 상상력을 자극하는 시이다. 만약 아가서를 실제 상황이라는 관점에서 읽게 되면, 이 시 속의 많은 장면들이 너무 터무니없는 것들로 보일 수가 있다. 정말로 5:7과 같은 사건이 일어났었다면, 어떻게 신부가 자신이 야경꾼들에게 폭력을 당하고 파수꾼들에게 겉옷을 빼앗긴 일에 대해 사실상 태연할 수 있겠는가? 설명하기 어려운 일이다. 여기서의 '야경꾼들' 은 신랑과 신부의 친밀함에 대적하는 악의적인 세력들을 상징하는 시적이고 은유적인 표현으로 보는 것이 더 타당하다. 그리고 신부는 사랑하는 신랑과의 연합을 향한 열망의 힘으로써 이러한 장애물들을 뛰어넘고 있다.

3. 위 시는 신랑이 신부에게 다가가고, 신부가 신랑에게 다가가지만 서로 엇갈리고 있는 모습을 보여주고 있다. 이것은 어떻게 부부가 서로 친밀해지는 과정 중에서 겪을 수 있는 어려움들에 대한 정확한 시적 표현이 되고 있는가?

4. 신부가 문을 열었을 때 느꼈을 감정이 어떠했을 것 같은가?(6절)

그리고 그녀는 어떻게 했는가?

5. 일단 신부가 생각을 돌이켜 신랑과 함께 하기로 결심하였을 때는 신랑은 이미 떠나고 없는 상태였다. 신부가 다시 신랑을 찾기 위해 애쓰는 중, 그녀는 어떤 방해물들과 직면하게 되는가?

그리고 그 방해물들에 반응하는 신부의 태도는 그녀의 강렬한 열망에 대해 무엇을 우리에게 말해주는가?

6. 신부는 자신의 신랑을 찾는 일에 친구들의 도움을 요청하면서 그들에게 신랑의 모습

을 묘사하고 있다. 신랑에 대한 그러한 신부의 묘사로부터 그녀의 신랑을 향한 어떤 감정들을 엿볼 수 있는가?(5:10-16)

7. 위 시는 어떻게 끝나고 있는가? 해피엔딩인가?

이것은 우리 인생에도 사실인가? 왜 인가 혹은 왜 아닌가?

8. 어떤 노력들이 부부간의 친밀함의 문제들을 극복할 수 있도록 해주는가?

▶ 부부 코너

당신 부부를 위 아가서의 신랑과 신부라고 상상해보라. 신랑이 신부에게 다가가는데 신부가 달아난다. 또 신부가 신랑에게 다가서는데 신랑이 달아난다. 이렇게 될 때 신랑과 신부는 각각 어떤 마음이 드는가?

당신 부부의 관계도 혹 이렇지 않은가?

'실패한 사랑을 재건한' 아가서의 신랑과 신부의 심정은 어떠한가?(6:2-3)

당신 부부도 갈등을 극복한 후에 느끼게 되는 이런 종류의 환희에 찬 친밀감을 경험해 본 적이 있는가?

▶ 보너스

아가서 2:10-15를 읽어보라.

"……우리를 위하여 여우 곧 포도원을 허는 작은 여우(little foxes, 작은 여우들)를 잡으라 우리의 포도원에 꽃이 피었음이라." (아 2:15)

위 시는 친밀함을 나누는 장소로서의 동산의 아름다움을 노래한 후, 포도원을 망치는 '여우들' 의 위험성에 대하여 경고하고 있다. 이 '여우들' 은 무엇을 상징하는 것인가?

본격 탐구 노트

Study 6. 실패한 사랑을 재건하라 <아 5:2–6:3>

목적: 시간이 지나도 부부간의 육체적인 친밀함과 정신적인 가까움과 영적인 연합을 유지할 수 있는 법을 배우기 위함.

개요. 아가서는 아주 '감각적인' 책이다. 그러나 결코 '천박' 하지 않다. 아가서는 부부간의 육체적인 친밀한 행위를 묘사하기 위한 수단으로 '이중적 의미 어구' 를 사용하고 있다. 성과 관련된 주제를 다루고 있는 고대 근동 지역의 다른 문헌들을 참고해볼 때, "문을 열어다오."라는 신랑의 요구는 육체적인 친밀함으로의 초청 표현이다(5:2). 그리고 '신랑의 이슬 젖은 머리' (5:2)나, '신부의 씻은 발' (5:3)이나, '몰약즙이 떨어지는 신부의 손' (5:5), '문틈 사이로 들이민 신랑의 손' (5:4) 등은 표면적인 의미 이상의 더 깊고도 '도발적인' 또 다른 의미를 띠고 있는 표현들이다. 한 예로, 여성의 '발' 은 구약성경 속에서 흔히 여성의 '가장 은밀한 곳' 을 지칭하는 완곡어법이다.

질문 1. 신부는 자신이 이미 취침을 위해 옷도 벗고, 발('개요' 의 마지막 부분 참조)도 씻은 상태임을 구실로 머뭇거리고 있다. 다시 말해, 신랑과의 친밀함을 위해 움직일 심적 분위기가 아니라고 말하고 있는 것이다.

질문 2. 신랑은 신부가 친밀함을 위한 자신의 첫 번째 초청에 응답하지 않자, 거절감을 느꼈던 것이 분명하다. 신랑은 그대로 신부의 곁을 떠나고 만다.

질문 3. 한번쯤 성적인 문제로 어려움을 겪어보지 않은 부부들은 아마 없을 것이다. 위 본문은 부부들이 서로 간의 육체적인 친밀함을 누리지 못하도록 방해하는 장애요소들이 무엇인지 솔직하게 털어놓을 수 있는 기회를 제공하고 있다. 그것이 '피곤함' 이든지, 혹은 '아이들' 이나, 풀지 않은 '감정적인 앙금' 이나 '비현실적인 기대감' 이든지 말이다. 앞서 공부했던 제4장과 5장을 다시 한번 참조해보라.

질문 4. 처음에는 머뭇거리며 주저하였지만, 신부는 "내 사랑하는 자를 위하여 문을 열 때 몰약이 내 손에서, 몰약의 즙이 내 손가락에서 문빗장에 떨어지는구나." (5:5) 라는 구절이 암시하고 있듯이, 곧 신랑과 함께 있기를 열망하게 된다. 하지만 심적 분위기가 조성이 되었을 때는 이미 신랑은 떠나버리고 없었다. 그녀는 완전히 맥이 빠진다. 그러나 마음이 상해 뾰로통하고 있는 대신에, 신부는 신랑을 찾아 나선다.

질문 5. 가장 먼저 신부는 '야경꾼들' 과 부딪히게 된다. 이 순찰자들은 늦은 밤 홀로 헤매며 돌아다니고 있는 이 여인을 수상하게 생각하였을 것이다. 그리고 그들은 그녀를 심하게 구타한다. '부연 설명란' 에서도 보았듯이, 이 시는 문자 그대로 받아들이기는 어렵다. 여기에서의 '야경꾼들' 이란 신랑과 신부 사이를 갈라놓을 수 있는 어떤 '외부적인 세력' 들을 의미하는 것으로 이해해야 할 것이다.

그리고 신부가 자신의 신랑을 찾기 위해 자신을 방해하는 모든 어려움들을 헤치고 나아가는 모습은 신랑을 향한 그녀의 열정과 열망을 그대로 보여주고 있다. 사랑은 가장 맹렬한 위협들조차도 두려워하지 않는 것이다

질문 6. 더 자세한 내용을 위해서는 이미 앞에서 살펴본 제2장을 다시 한번 참조해볼 것을 권한다. 신랑에 대한 신부의 자랑 속에서 우리는 신부의 신랑을 향한 존경심과 강한 사랑을 느낄 수가 있다.

질문 7. 위 시는 행복하게 그 끝을 맺고 있다. 마침내 신부는 신랑을 찾았고, 그들은 아가서 전체를 통해 친밀함의 공간으로 상징되고 있는 동산에서 부부간의 하나됨을 이룬다(6:2-3).

모든 부부들의 갈등 이야기가 행복한 결말로 끝이 나는 것은 아니다. 하지만 위 본문은 다음과 같은 사실을 모든 그리스도인들에게 상기시켜주며 격려하기를 원한다. 모든 결혼에는 '멀어짐'과 '단절'의 순간들이 찾아온다. 그러나 그 장애물을 뛰어넘어 '친밀함'과 '하나됨'의 위대한 기쁨의 순간들을 되찾는 일 또한 얼마든지 가능하다는 사실을 말이다.

질문 8. 위 시는 '친밀함'이란 '서로에게 속하는 것'이며, '서로를 추구하는 것'이라는 사실을 암시해주고 있는 것 이외에는 이 질문에 대해 직접적인 답변을 해주고 있지는 않는다. 당신은 커플힐링 시리즈 교재 중의 하나인 용서(Forgiveness)에서 사랑의 재건을 위한 '용서'의 결정적인 역할을 탐구할 수 있을 것이다.

보너스 질문. '포도원' 또한 '친밀함을 위한 공간'이다. 그리고 '여우들'이란 그 '친밀함에 위협이 되는 요소들'을 상징하고 있다.

성경공부 지도자는 어떤 종류의 것들이 부부간의 친밀함에 위협 요소가 될 수 있는 지에 대한 질문을 반원들에게 제시함으로써, 이 문제에 관해 좀 더 구체적이고 깊이 있는 나눔을 유도해도 좋을 것이다.

지도자를 위한 메모

"내 은혜가 네게 족하도다" (고후 12:9)

성경공부를 인도하는 일은 가슴 설레고 유익한 경험이 될 것이다. 그러나 그것은 동시에 두려운 일이 될 수도 있다. 특히 이번이 처음이라면 말이다. 하지만 이것이 혹 당신이 느끼는 감정이라 할지라도 크게 걱정할 일은 아니다. 왜냐하면 성경의 많은 위대한 인물들도 같은 마음이었기 때문이다. 잘 아는 대로, 하나님께서 모세에게 이스라엘 백성들을 출애굽시키라는 사명을 주셨을 때, 모세는 이렇게 대답했었다. "주여, 보낼만한 자를 보내소서"(출 4:13). 그 이외에도 솔로몬, 예레미야, 디모데 등등 많은 성경의 위인들이 그러하였다. 그러나 하나님은 그들의 연약함에도 불구하고, 그들을 도우시고 그들을 사용하셨다. 그분은 당신도 도우실 것이다.

당신이 반드시 성경 전문가나 성경공부를 이끌만한 훈련된 교사일 필요는 없다. 이 교재는 기본적으로 지도자가 성경공부 반원들이 성경이 말씀하고 있는 바를 스스로 알아가도록 이끌 수 있게 구성되어져있다. 이러한 탐구 방식은 성경공부 참가자들이 강의를 일방적으로 듣는 것보다 훨씬 더 많은 내용을 이해하고 기억할 수 있도록 도움을 줄 것이다.

이 교재의 각 장(章)들은 성경공부를 이끌어가기 쉽도록 설계되었다. 사실, 읽고 해석하고 적용하는 단계에 이르기까지, 성경 본문과 관련된 일련의 질문들이 너무 자연스러워서 교재 스스로가 성경공부를 이끌어간다는 느낌을 받게 될 것이다. 또한 이 교재는 얼마든지 융통성 있게 사용할 수 있다. 학생 그룹이나 전문직 종사자 그룹, 이웃사람 그룹, 또는 교회 소그룹 등, 다양한 모임들에서 활용할 수 있다. 교재의 각 장(章)들은 그룹 모임의 경우, 대략 45분에서 1시간 정도의 시간이 소요될 것이다.

성경공부 모임의 역동성과 활발한 토의를 위해 알고 있어야 할 몇 가지 중요한 사실들이 있다. 아래에 제시되어있는 조언들은 당신이 지도자로서의 역할을 효과적으로 그리고 행복하게 수행해나갈 수 있도록 도와줄 것이다.

성경공부를 위한 준비작업

1. 무엇보다도 하나님께 도움을 구하라. 당신이 주어진 말씀들을 정확하게 이해하고, 당신 자신이 먼저 그 말씀들을 당신의 삶에 적용할 수 있도록 말이다. 이 일이 선행되지 않는 한, 당신은 아직 지도자로서 다른 사람을 이끌 준비가 되지 않은 것이다. 하나님께서 당신의 마음을 열어 그분의 말씀의 의미를 올바로 깨닫고, 말씀대로 실천할 수 있도록 도와주시기를 요청하라. 또한 모임에 참여하는 다양한 배경의 반원들을 위해서도 기도하라.

2. 이 책의 대략적인 개관과 탐구하게 될 문제들에 대한 전체적인 윤곽을 파악하기 위해서 교재 맨 앞부분의 "여정을 시작하면서" 부분을 읽어보라.

3. 교재의 매 장(章)을 공부할 때마다 각 장마다 제시되어진 성경 본문을 미리 여러 번 읽고 묵상하라. 그 말씀에 익숙해지도록 하라.

4. 이 교재에 나오는 성경 본문들은 거의 대부분의 경우, 개역개정과 개역한글 그리고 표준새번역 성경에 기초를 두고 있다. 더 깊은 탐구와 토의를 위해 또 다른 다양한 성경 번역본들을 추가적으로 참고해보는 것도 도움이 될 것이다.

5. 각 장의 모든 질문들에 충실하게 답변하라. 그리고 답하기 전에 시간을 들여 그 질문들에 대해 깊이 생각하고 묵상해보라.

6. 질문들 아래에 마련되어 있는 빈 공간에 당신의 생각과 의견들을 적어보라. 당신이 얼

마만큼 말씀을 이해하고 있는지 그 정도를 명확하게 볼 수 있도록 해줄 것이다.

7. 성경사전을 한 권 곁에 두는 것도 도움이 될 것이다. 익숙하지 않은 용어나 낯선 인명이나 지명 등을 찾아볼 수 있도록 말이다.

8. 본문의 말씀들을 먼저 당신의 삶에 어떻게 구체적으로 적용할 수 있는지에 대해 고민해보라. 왜냐하면, 성경공부 참가자들은 지도자인 당신의 인도를 따를 것이며, 지도자인 당신보다 더 깊은 깨달음의 자리에 들어가기가 쉽지 않을 것이기 때문이다.

9. 일단, 공부하게 될 성경 본문을 당신 스스로 연구하고 묵상하는 일을 마쳤다면, 교재의 각 장(章) 뒷부분에 나와 있는 "본격 탐구 노트"를 읽고 그 내용을 숙지하라. 이것은 여러 가지 면에서 당신에게 도움이 될 것이다.

   첫 번째로, "본격 탐구 노트"는 저자가 각 장을 쓸 때에 마음에 품고 있었던 목적에 대해서 알려줄 것이다. 따라서 각 장의 질문들이 어떻게 그 목적을 이루어가게 되는지를 시간을 들여 숙고해볼 수 있다.

   두 번째로, "본격 탐구 노트"는 다양한 질문들에 대한 배경 정보와 조언들을 제공해줌으로써 성경공부모임이 좀 더 활기차게 진행되는 일을 가능하게 해줄 것이다. 질문들에 대한 배경 정보는 반원들이 질문에 답하는 일이나 질문 자체를 이해하는 일이 어려울 때, 유용하게 활용될 수 있을 것이다.

   세 번째로, "본격 탐구 노트"는 성경공부를 하는 동안 당신이 부딪힐지도 모르는 돌발 가능한 문제들에 대해서도 사전에 준비할 수 있도록 도움을 줄 것이다.

10. "지도자를 위한 메모"나 "본격 탐구 노트"에서 언급한 내용들 중 특별히 기억하고 있어야 할 사항들이 있다면, 각 장의 질문들 아래나 옆 여백에 당신만을 위한 메모를 해두는 것도 좋을 것이다.

성경공부인도하기

1. 정한 시간에 늦지 않게 시작하라. 하나님께서 모든 반원들이 말씀을 제대로 이해하고 올바로 적용할 수 있도록 도와주시기를 요청하는 기도로 시작하라.

2. 모든 반원들이 자신들의 교재를 각자 가지고 있는지를 확인하라. 그리고 함께 모여 공부하기 이전에, 집에서 각 장(章)의 질문들에 대해서 미리 생각해오도록 격려하라.

3. 모임의 첫 시간에, 이 교재가 '강의용' 이 아니라 '토의용' 임을 주지시키라. 반원들이 적극적으로 토의에 참여할 수 있도록 독려하라. 그러나 처음 며칠이나 몇 주 동안은 혹 말하기를 꺼려하는 반원이 있더라도 발표를 강요하지는 마라. 그리고 아래의 지침들을 반원들에게 전달하라.

   - "현재 토의되고 있는 주제에 집중하십시오."
   - "여러분의 답변은 우리 토의의 중심점인 성경 본문에 기초를 두어야 합니다. 다른 해설들이나 다른 발표자들과 같은 성경 이외의 권위에 기초를 두어서는 안됩니다."
   - "이 곳에서 토의된 모든 내용들은 본인으로부터 허락을 받은 특별한 경우가 아닌 이상, 절대로 모임 밖에서 회자되는 일이 없도록 비밀에 부쳐져야 합니다."
   - "다른 사람의 의견을 경청하고, 모든 반원들이 자신의 생각을 말할 수 있는 기회를 갖도록 서로 배려해주어야 합니다."
   - "서로를 위해 기도해주십시오."

4. 성경 본문을 읽기 전에 "여는 말" 의 질문이 먼저 제시되어져야 한다. 왜냐하면, 그것들은 각 장의 주제들을 소개하는 역할을 담당하고 있으며, 성경공부 참가자들로 하여금 마음을 열게 하는 촉매제가 되기 때문이다. 가능한 한 더 많은 반원들이 토의에 적극적으로 참여할 수 있도록 격려하며, 그들 자신의 답변들로 토의가 시작되어 나가도록 분위기를 조성하라.

   "여는 말" 은 당신이나 반원들의 생각과 느낌들 중 어떤 부분이 성경적으로 변화되어져야할 필요가 있는 지를 드러내 보여주도록 설계되어졌다. 따라서 "여는 말" 의 토의를 위한 질문이 주어지기 전에 성경 본문을 읽어서는 안 된다. 이것은 중요한 순서이다. 토의 질문에 대해 자유스럽게 말해보기 전에 성경 본문을 먼저 읽게 되면, 정답인 성경대로 말해야만 한다는 생각 때문에 반원들이 원래 가지고 있었던 자신들의 의견을 정직하게 내어놓을 수 없게 되기 때문이다.

5. 반원 중 한 명이나 혹은 여러 명이 대표로 성경 본문을 큰 소리로 읽게 하라. 그리고 모든 반원들이 그 말씀을 다시금 조용히 묵상할 수 있는 시간을 몇 분 정도 허락하라.

6. 각 장(章)의 "질문 1"들은 성경 본문 전체를 간략하게 숙고해볼 수 있도록 의도된 질문들이다. 반원들로 성경 본문 전체를 보도록 하되, 뒷부분에 이어 나오게 될 질문들이나 문제들로 인해 미리 마음이 분산되지 않도록 하라.

7. 교재의 질문들을 반원들에게 물어볼 때, 그 질문이 쓰여진 원래의 의도가 훼손되지 않도록 주의하라. 질문들을 있는 그대로 그냥 큰소리로 읽어주어도 좋다. 또는 그 질문들을 당신 자신의 말로 바꾸어 표현할 수도 있다.

   그리고 경우에 따라서는 교재상의 순서에서 벗어나 토의를 진행해야 하는 일이 발생할 때도 있을 수 있다. 예를 들면, 한 질문의 답이 토의 도중 이미 이야기되어 버렸거나, 또는 누군가 교재에 나와 있지 않은 어떤 중요한 질문을 제기하게 되는 때이다. 전자의 경우엔, 그 다음 질문으로 넘어가면 될 것이다. 그리고 후자의 경우라면, 시간을 내어 그 문제에 대해 함께 생각해보라. 하지만 본 주제에서 너무 벗어나지 않도록 주의하라.

8. 큰 직사각형 안의 부연 설명들은 성경 본문에 대한 좀 더 자세한 배경 정보들을 담고 있다. 그 정보들이 토의에 도움이 된다고 여겨진다면, 소리내어 그것들을 읽어보아도 좋다. 하지만 토의에 방해가 될 것 같은 경우라면, 반원들 각자가 속으로 읽어보게 해도 괜찮을 것이다.

9. 주어진 질문들에 당신이 먼저 답을 주는 일은 가급적 피하라. 필요하다면, 반원들이 해당 질문을 명확하게 이해할 수 있을 때까지 질문을 반복해서 읽어보도록 하거나 풀어 설명해주라. 또는 당신이 "본격 탐구 노트"에서 읽었던 내용들 중에서 그 질문의 문맥이나 의미를 분명히 해줄 수 있는 어떤 것을 이야기해주라. 진지한 반원들이라면 지도자인 당신의 의견을 크게 존중하고 잠잠히 수용할 것이다.

10. 반원들의 침묵을 두려워하지 마라. 그들도 자신들의 답변을 내놓기 전에 해당 질문에 대해 생각할 시간이 필요할 것이기 때문이다.

11. 한 사람의 대답에 만족하지 말라. "다른 분들은 어떻게 생각하시나요?" 또는 "다른 의견은 없으신가요?" 라고 물으라. 더 많은 반원들이 적극적으로 토의에 참여할 수 있도록 말이다.

12. 모든 답변들을 있는 그대로 인정해주라. 가능한 한 언제나 긍정적인 태도를 보이라. 절대로 반원의 답변에 대해 부정하지 말라. 만약 답변이 명백하게 질문의 의도에서 벗어난 것이라면, 이런 식으로 다시 물으라. "몇 절의 말씀에 근거하여 그런 결론을 내리게 되셨나요?" 또는 "다른 분들의 생각은 어떠신가요?"

13. 처음에는 반원들이 당신의 눈을 보며 자신들의 의견을 말하겠지만, 모든 반원들의 시선이 항상 당신에게만 집중되어져야 한다는 생각은 버리라. 반원들이 서로 친해지게 되면, 지도자만을 바라보는 대신 서로를 향해 자유스럽게 의사소통을 시도할 것이다. 따라서 너무 서운하게 생각하지 말라. 그것은 모임이 건강한 방향으로 나아가고 있다는 한 증거이기 때문이다.

14. 또한 논쟁을 두려워해서는 안 된다. 논쟁이 오히려 자극제가 될 수도 있기 때문이다. 어떤 문제를 완벽하게 해결하지 못했다 할지라도 실망하지 마라. 계속해서 토의를 진행해가라. 답을 얻지 못한 질문은 다음 기회로 미뤄두라. 지속적으로 공부해가는 중에 자연스럽게 문제가 풀릴 수도 있기 때문이다.

15. 반원들이 토의한 내용들을 규칙적으로 요약하여 기록해두라. 이것은 토의되어졌던 여러 다양한 의견들을 규합할 수 있는 좋은 방법이며, 성경공부에 일관성을 더해줄 수 있는 유익한 방책이다. 그러나 그 내용들에 대해 가르치려고 들지는 마라.

16. 매 성경공부가 끝날 즈음에는 부부들에게 "부부 코너"의 내용들에 대해 서로 토론해보고, 개인적인 적용을 해볼 수 있는 기회를 제공하라. 공부 모임에서 이런 시간을 갖는 것은 중요하다. 그렇지 않으면, 부부들이 그냥 지나쳐버릴 수도 있기 때문이다. 물

론 필요하다면, 부부들 스스로가 "부부 코너"의 주제들을 전체 공부 시간이 끝난 후에 따로 더 다룰 수도 있을 것이다. 하지만 그 시작을 모임 속에서 당신이 도울 수 있다는 것이다.

17. 반원들로 하여금 부부가 함께 혹은 각자 "보너스" 부분을 미리 예습해 올 수 있도록 독려하라. 그리고 모임 중에 자신들이 깨달은 바를 서로 이야기할 수 있도록 기회를 주라.

18. 제 시간에 마치도록 하라.

이 밖에도 커플 힐링 시리즈 지도자용을 참고하면, 부부 성경공부모임을 인도하는 법에 대한 더 많은 정보들과 도움말들을 얻을 수 있게 될 것이다.

소그룹 모임의 4요소

건강한 소그룹 모임이라면, 단순히 성경을 공부하는 것 그 이상의 일들이 행해져야 한다. 당신이 성경공부모임을 인도하기 위해 시간을 계획할 때 고려해야 할 4가지 요소가 있다.

첫째, '양육'이다. 소그룹 모임은 각각의 구성원들이 하나님을 아는 지식과 하나님을 사랑하는 일에 있어서 자라가도록 돕는 일을 감당해야 한다. 그리고 여기서 성경 탐구는 그 일을 가능하게 해주는 핵심요건이자 소그룹 모임의 토대가 된다.

둘째, '교제'이다. 소그룹 모임은 다른 그리스도인들과 깊은 형제애를 확인할 수 있는 소중한 공간이 된다. 따라서 매 성경공부 전후에는 자유롭고 따뜻한 교제를 나눌 수 있는 시간을 확보하는 일이 중요하다. 서로를 알아가는 데 도움이 될 만한 활동이나 게임 등을 계획해보는 것도 좋을 것이다. 예를 들면, 함께 소풍가기라든지, 저녁 식사 함께 요리하기라든지, 함께 운동하기 등과 같이 즐겁게 시간을 보낼 수 있는 것들로 말이다.

셋째, '경배와 기도'이다. 반원들이 한 마음으로 하나님께 찬양과 기도를 드리는 시간을 갖는 것은 성경공부의 효과를 배가시킬 것이다. 서로의 필요와 성장을 위해 기도하

라. 그리고 하나님께서 기도에 어떻게 응답하시는지 주목하여보라. 또한 배운 바를 실제 생활에 적용하며 살아갈 수 있도록 하나님의 도우심을 구하라.

넷째, '섬김' 이다. 다른 사람을 섬기는 일은 배운 것을 삶에 적용하는 실제적인 방법이다. 그리고 이것은 성경공부모임이 자기중심적이 되어가는 일을 방지해줄 것이다. 당신의 친구들이나 이웃들을 위한 일련의 전도 모임을 주최하는 것도 한 가지 좋은 방법이 될 것이다. 또 반원들이 함께 독거노인들의 집을 청소해드리는 일이나, 소년소녀 가장들에게 반찬을 제공해주는 일, 무료 급식소에서 자원봉사를 하는 일, 어려운 이웃들에게 집을 지어주는 봉사활동 등에 참여하는 일들도 마찬가지일 것이다.

이런 분야에 관한 더 많은 정보들과 도움말들을 원한다면, "소그룹을 위한 아이디어 뱅크(Small Group Idea Book)"나 "소그룹에 관한 큰 생각(The Big Book on Small Groups)" 이라는 책들을 참고하는 것도 좋을 것이다. 이런 유의 책들 중 하나를 통독해 두면, 소그룹 지도자로서의 역할을 감당하는 일에 있어서 여러 가지로 많은 유익을 얻을 수 있게 될 것이다.

결혼과 성

인쇄일	2014년 07월 18일
발행일	2014년 07월 25일
지은이	댄 알렌더, 트렘퍼 롱맨 3세
옮긴이	신겸사
펴낸이	장사경
편집디자인	박소린
펴낸곳	Grace Publisher(은혜출판사)

주소 서울특별시 종로구 종로 65길 12-10
전화 (02) 744-4029 팩스 744-6578
출판등록 제 1-618호(1988. 1. 7)

ISBN 978-89-7917-943-9 04230
ISBN 978-89-7917-934-7 04230 세트